I GREW UP ON A FARM CALLED DAV[...] [IN]
MPUMALANGA. MY PARENTS, JOHN AND [... HAD A SHOP], BUTCHERY AND BAKERY
ON THEIR SMALL HOLDING. DAD AND MOM SUPPLIED THE SURROUNDING AREA AND SWAZILAND
WITH BREAD AND MEAT. GROWING UP IN THE STICKS, AS PEOPLE WOULD CALL IT, WAS A
TERRIFIC EXPERIENCE FOR ALL OF US. I, MY BROTHERS, RAY AND GRAHAM, AND SISTERS LYN
AND YVONNE, COULD NOT HAVE ASKED FOR A BETTER PLACE TO GROW UP. BESIDES THE
FINER THINGS IN LIFE, LIKE THE TENNIS COURTS, SWIMMING POOL, SQUASH COURT, ROLLING
LAWNS SURROUNDED BY BEDS OF EXQUISITE FLOWERS AND SHRUBS, WE ALSO LEARNT THE
BASICS OF LIFE. WE WERE ALL FORTUNATE TO GROW UP WITH ASSIENA AND GERTIE THE
HOUSE STAFF AND RAFETTE THE GARDENER, WHO COULD ONLY COMMUNICATE IN ZULU.
THEY TAUGHT US TO RECOGNISE WHAT COULD BE EATEN FROM THE VELD (BUSH), HOW TO
AMUSE ONESELF WITHOUT TOYS AND MANY OTHER IMPORTANT ASPECTS OF LIFE, ESPECIALLY,
HOW TO COMMUNICATE IN ZULU. BECAUSE OF DAD'S BUSINESSES, AND OUR HAVING TO
HELP IN THE SHOP AND BAKERY DURING SCHOOL HOLIDAYS, WE NOT ONLY LEARNT TO
SPEAK ZULU, BUT ALSO TO READ AND WRITE ZULU FROM AN EARLY AGE.

IT IS BECAUSE OF MY FORTUNATE UPBRINGING, AND BEING ABLE TO COMMUNICATE WITH AND
UNDERSTAND THE ZULU LANGUAGE, THAT I WOULD LIKE TO SHARE JUST A LITTLE BIT OF THE
ETHNIC LANGUAGE THAT I KNOW WITH YOU.

NELSON MANDELA WAS THE FIRST DEMOCRATIC PRESIDENT TO BE ELECTED IN SOUTH
AFRICA IN 1994. HE URGED THE PEOPLE OF SOUTH AFRICA TO LEARN AT LEAST ONE OF THE
ETHNIC LANGUAGES. NOT ONLY IS THIS A SIGN OF RESPECT FOR ONES NEIGHBOURS, BUT IT
ENRICHES YOUR KNOWLEDGE, AND OPENS UP A WHOLE NEW WAY OF LIFE, COMMUNICATION,
CULTURE AND YOU GET TO MAKE NEW FRIENDS.

"ASIKHULUMENI" IS MY CONTRIBUTION TO THE PERSON WHO WISHES TO COMMUNICATE IN AN
ETHNIC LANGUAGE. THE PHONETIC PRONUNCIATION OF THE ZULU WORDS IS UNIQUE. I HAVE
USED A SIMPLE SYSTEM OF PHONETICS, WITH ACCENTS PLACED ON LETTERS WHERE
SPECIAL EMPHASIS IS REQUIRED.
MY DICTIONARY WILL SERVE AS A HELPFUL WORKING TOOL IN THE CLASSROOM, HOME, BUSINESS
OR TO THE TRAVELLER. ILLMAN'S ENGLISH / ZULU PHONETIC DICTIONARY HAS BEEN WRITTEN
MAINLY TO ASSIST THE PERSON WHO IS KEEN TO COMMUNICATE IN ZULU. MY DICTIONARY IS
NOT JUST A TRANSLATION, IT SHOWS YOU EXACTLY HOW TO SAY THE WORDS IN ZULU.

IT IS SO EASY! ANYONE CAN LEARN! THE BENEFITS ARE NUMEROUS!
SPEAK ANOTHER LANGUAGE   - SO MANY MORE PEOPLE TO COMMUNICATE WITH
BROADEN YOUR MIND   - OPENS UP A NEW WORLD
IMPROVE YOUR SKILLS   - EXPAND YOUR BUSINESS AND BROADEN YOUR MARKET

THE MORE YOU KNOW, THE MORE YOU GROW. SO LET'S ALL GROW TOGETHER - SIMUNYE !

SALA KAHLE,

SHIRLEY

ASIKHULUMENI / LET'S TALK

COPYRIGHT © ON THE **ILLMAN'S ENGLISH / ZULU DICTIONARY** AND
PHONETIC PRONOUNCIATIONS IN THIS DICTIONARY HELD BY SHIRLEY ILLMAN

P. O. BOX 1228 UMHLANGA ROCKS 4320

CELL.: 083 4492177

ALL RIGHTS RESERVED. NO PART OF THIS PUBLICATION MAY BE REPRODUCED OR
TRANSMITTED IN ANY FORM OR BY ANY MEANS WITHOUT MY PERMISSION.

THIS PHONETIC DICTIONARY IS INTENDED FOR THOSE PEOPLE WHO HAVE AN URGE
TO LEARN AND TO COMMUNICATE IN AN ETHNIC LANGUAGE.
THIS DICTIONARY THAT I HAVE COMPILED, IS ONLY A START TO A LONG
AND WONDERFUL RELATIONSHIP WITH A
LANGUAGE THAT IS SPOKEN WIDELY IN OUR COUNTRY.

IT IS TO BE UNDERSTOOD THAT THE PHONETIC WAY OF WRITING THE ZULU WORD IS AS
AN ENGLISH SPEAKING PERSON WOULD READ / PRONOUNCE IT, AND NOT, IN SOME CASES,
AS A ZULU PERSON WOULD READ OR SAY THE WORD.

SECOND EDITION 1999 - AUGUST

ISBN 06-620-22978-0

ACKNOWLEDGEMENTS

I WISH TO ACKNOWLEDGE THE PEOPLE MENTIONED BELOW
FOR THEIR CONTRIBUTIONS TOWARDS THE CREATION
OF MY DICTIONARY.

NEIL COOKE OF PICK 'n PAY FOR SPONSORSHIP
PRINCESS SHEZI OF PICK 'n PAY, LA LUCIA
EUNICE SANGWENI OF FOSCHINI, LA LUCIA
WINNIE NTULI (Secondary Teacher's Diploma) OF DURBAN GIRLS' COLLEGE
WHO HELPED WITH THE EDITING OF THE ZULU VOCABULARY
ASHLEY ILLMAN OF Z ART & DESIGN FOR DESIGNING THE COVERS

MY VERY BIG HAPPY FAMILY FOR ALL THEIR SUPPORT
MY HUSBAND **PADDY**, AND CHILDREN **MARC** AND **SHARON**.
A VERY SPECIAL THANK YOU TO **PADDY**, MY BETTER HALF,
FOR ALL HIS HARD WORK AND ENCOURAGEMENT HE GAVE ME.
PADDY HAS BEEN A TREMENDOUS INSPIRATION.

THANK YOU TO YOU ALL.

SHIRLEY

CONTENTS

SUBJECT	PAGE NO.
PRONOUNCIATION OF VOWELS AND CONSONANTS	1
EVERYDAY CONVERSATION / USEFUL PHRASES	2
HOUSEHOLD	7
EATING / COOKING	10
GARDEN	11
RECREATION	12
SPORTING TERMS - RUGBY, SOCCER, CRICKET	14
SHOPPING	17
BANKING /	18
MONEY MATTERS /	19
COUNTING	20
POST OFFICE	21
OFFICE / WORK	22
SCHOOL / EDUCATION TERMS	23
MEDICAL	26
MEDICAL COMMANDS	29
PARTS OF BODY	30
USEFUL WORDS IN MEDICINE	32
EMERGENCIES	34
VIOLENCE / CRIME	35
WEATHER / DIRECTIONS	45
TRAVEL	46
ACCOMMODATION / HOLIDAY	48
WILDLIFE ANIMALS	50
DAYS OF WEEK / TODAY, TOMORROW ETC.	52
MONTHS OF THE YEAR	
ABC - XYZ	53
NATIONAL ANTHEM	119

ISBN 0-620-22978-0

F

PRONUNCIATION OF VOWELS AND CONSONANTS

A	AS IN ABAFANA	(BOY)	SIMILAR TO	A IN FATHER
E	AS IN SEBENZA	(WORK)	SIMILAR TO	E IN EGG (E´)
I	AS IN INSIMBI	(IRON)	SIMILAR TO	EE IN FEEL
O	AS IN INKOMO	(COW)	SIMILAR TO	OO IN DOOR (O´)
U	AS IN UMUNTU	(PERSON)	SIMILAR TO	OO IN TOO

B	SOFTER THAN THE ENGLISH B
BH	H IS SILENT BUT B IS MORE PRONOUNCED
C	CLICK SOUND AS IN TS - PUT TONGUE ON TOP OF TEETH, AND PULL TONGUE AWAY MAKING CLICK SOUND - EG. TUT TUT OR SOUND OF A TICKING CLOCK
DL	PUT TONGUE ON TEETH AND SAY D & L TOGETHER
F	AS IN F FOR FAT
G	AS IN G IN ANGER
H	AS IN H IN HOW WHEN IS FIRST LETTER, BUT LIKE GH IN MIDDLE
HH	VERY PRONOUNCED, AS IN H IN HOTEL
HL	PUT TONGUE ON TEETH AND SAY H & L TOGETHER - LIKE A GOOSE HISSING
J	AS IN J FOR JOIN WHEN IS FIRST LETTER, BUT WHEN IN MIDDLE OF WORD, VERY SIMILAR TO J IN JEW
K	SIMILAR TO ENGLISH C BUT SHARPER
KH	H IS SILENT - AS IN C IN CALL
KL	PUT TONGUE ON TEETH AND ALMOST HISS THE KL OUT
L	AS IN L IN LAMP
M	AS IN M IN MOM
N	AS IN N IN NONE
NG	PRONOUNCE BOTH TOGETHER AS IN NG IN LINGER
NY	PRONOUNCE BOTH TOGETHER AS IN NY IN KENYA
P	AS IN P IN PIP BUT SHARPER
PH	H IS SILENT AS IN P IN POSH
Q	CLICK SOUND - PUT TONGUE ON BOTTOM SET OF TEETH, AND MAKE CLICK SOUND BY OPENING MOUTH LEAVING TONGUE ON TEETH
S	AS IN S IN SAY SO
SH	AS IN SH IN SHORE
T	AS IN T IN INTO BUT SHARPER
TH	H IS SILENT AS IN TOSS
TS	PUT TONGUE ON TEETH AND PRONOUNCE TOGETHER AS IN TSETSE FLY
TSH	AS IN CH IN CHURCH
V	AS IN V IN VEIN
W	AS IN W IN WINK
X	CLICK SOUND - DIFFERS FROM OTHER TWO CLICK SOUNDS, AS THE SOUND COMES FROM THE SIDES OF THE MOUTH, LIKE EGGING A HORSE ON
Y	AS IN Y IN YES / YEAST
Z	AS IN Z IN ZOO

NB. THE SYMBOL ´ - ACCENT - PLACED ON E´ AND O´ - DENOTES THE STRESSING OF PRECEEDING VOWEL

Eg. PAPER IPHEPHA EEPE´PA = E´ AS IN THE E IN EGG
    HALL   IHHOLO   EEHO´LO´ = O´ AS IN THE OO IN DOOR OR A IN HALL

EVERYDAY CONVERSATION - SOME USEFUL PHRASES

GENERAL	VAMILE	VAAMEELE´
ENGLISH	ZULU	PHONETIC PRONUNCIATION
HELLO (SINGULAR)	SAWUBONA	SAAWOOBO´NA
HELLO (PLURAL)	SANIBONA	SAANEEBO´NA
GOODBYE (SING.)	SALA KAHLE	SAALAA KAAHLE´
GOODBYE (PL.) - STAY WELL	SALANI KAHLE	SAALAANI KAAHLE´
GOODBYE (SING.)	HAMBA KAHLE	HAAMBA KAAHLE´
GOODBYE (PL.) - GO WELL	HAMBANI KAHLE	HAAMBAANI KAAHLE´
HOW ARE YOU ?	USAPHILA NA ? / UNJANI ?	OOSAAPEELA NA ? / OONJAANI ?
AND YOU, HOW ARE YOU ?	WENA, USAPHILA NA ?	WE´NNA, OOSAAPEELA NA ?
I AM WELL	NGISAPHILA	NGEESAAPEELA
I AM ILL	NGIYAGULA	NGEEYAAGOOLA
WHAT IS WRONG ?	YINI NA ?	YEENI NA ?
I HAVE A COLD (ETC)	NGIPHETHWE NGUMKHUHLANE	NGEEPE´TWE´ NGOOMKOOHLAANE´
WHAT DO YOU WANT HERE ?	UFUNANI LAPHA ?	OOFOONAANI LAAPA ?
WHAT DO YOU WANT ?	UFUNANI ?	OOFOONAANI ?
I WANT ...	NGIFUNA ...	NGEEFOONA ...
COME IN	NGENA	NGE´NNA
SIT DOWN	HLALA PHANSI	HLAALA PAANSEE
COME CLOSER	SONDELA	SO´NDE´LLA
COME HERE	WOZA LAPHA	WO´ZA LAAPAA
COME BACK HERE	BUYA LAPHA	BOOYA LAAPA
STAND UP	SUKUMA	SOOKOOMA
THANK YOU	NGIYABONGA	NGEEYAABO´NGA
WHAT IS THE TIME ?	SIKHATHI SINI ?	SEEKAATI SEENEE ?
IT IS 12 O´ CLOCK	ISIKHATHI MANJE NGU 12	EESEEKAATI MAANJE NGOO 12
HOW MUCH DO YOU EARN PER WEEK / MONTH ?	UHOLA MALINI NGESONTO / NGENYANGA ?	OOHO´LA (HALLA) MAALEENI NGE´SO´NTO´ (O´-TOOR) / NGE´NYAANGAA ?
I	MINA	MEENA
WE	THINA	TEENA
YOU (PL)	NINA	NEENA
THEY / THEM	BONA	BO´RNA (BO´NA)
IT IS COLD	KUMAKHAZA	KOOMAAKAAZA
IT IS HOT	KUYASHISA	KOOYAASHEESA
IT IS WET	KUMANZI	KOOMAANZEE
IT IS DRY	KOMILE	KO´MEELE´

MY CAT	IKATI LAMI	EEKAATEE LAAMI
MY DOG	INJA YAMI	EENJA YAAMI
WHEN ARE YOU GOING ?	UHAMBA NINI ?	OOHAAMBA NEENI ?
I AM GOING AT 10	NGIYAHAMBA NGO 10 / NGIHAMBA NGO 10	NGEEYAAHAAMBA NGO´ 10 / NGEEHAAMBA NGO´ 10
A LOT	KAKHULU	KAAKOOLOO
A LITTLE	KANCANE	KAANCAANE´
LOTS OF TIMES	KANINGI	KAANEENGI
VERY BADLY	KABI	KAABI
WELL DONE	KAHLE	KAAHLE´
SHORTLY	KAFISHANE	KAAFEESHAANE´ (EE)
HOW OFTEN ?	KANGAKI ?	KAANGAAKI ?
TWICE	KABILI	KAABEELEE
THREE TIMES	KATHATHU	KAATAATOO
FOUR TIMES	KANE	KAANE´
FIVE TIMES	KAHLANU	KAAHLAANOO
MINE	LAMI / YAMI / WAMI	LAAMEE / YAAMI / WAAMI
HIS / HERS	YENA	YE´NNA
OURS	-ETHU / YA + KITHI	E´TOO / YAKEETEE
THEIR / THEIRS	-ABO /AYO	-AABO´ / AAYO´
YOU BUILD (HOUSE)	UYAKHA	OOYAAKA
YOU MAKE (TEA)	UYENZA	OOYE´NZAA
YOU FRY	UYOSA	OOYO´SA (AWSA)
BEGINNING OF . . .	EKUQALENI KO . . .	E´KOOQAALE´NEE KO´ . . .
END OF . . .	EKUPHELENI KO . . .	E´KOOPE´LE´NEE KO´ . . .
THIS YEAR	LO NYAKA	LO´ NYAAKA (LAWNYAAKA)
NEXT MONTH	INYANGA EZAYO	INYAANGAA E´ZAAYO´
LAST MONTH	INYANGA EDLULE	INYAANGA E´DLOOLE´
THIS MONTH	LE NYANGA	LE´ NYAANGA
NEXT WEEK	ISONTO ELIZAYO	EESO´NTO´ E´LEEZAAYO´
LAST WEEK	ISONTO ELEDLULE	EESO´NTO´ E´LE´DLOOLE´
DURING THIS WEEK	NGALELI SONTO	NGAALE´LEE SO´NTO´
IN THE AFTERNOON	NTAMBAMA	NTAAMBAAMA
IN THE EVENING	KUSIHLWA	KOOSEEHLWA
IN THE DAYTIME	EMINI	E´MEENI
IN THE MORNING	EKUSENI	E´KOOSE´NEE
YESTERDAY	IZOLO	EEZO´LO´ (ZALLAW)
TOMORROW	KUSASA	KOOSAASA

English	Zulu	Pronunciation
• I WANT . . .	NGIFUNA	NGEEFOONA
• I AM . . .	NGIYI . ./ NGI. . / NGIYA . .	NGEEYEE . ./ NGEE. . / NGEEYA. .
• I HAVE . . .	NGINA . . .	NGEENA. . .
• YOU ARE . . .	UYI . . ./ U . . . / UYA . . .	OOYI . . ./ OO. . ./ OOYA. . .
• YOU HAVE . . .	UNA . . .	OONA. . .
• YOU WANT . . .	UFUNA . . .	OOFOONA. . .
• WE ARE . . .	SIYI . . ./ SI. . . / SIYA. . .	SEEYI . . . / SEE. . . / SEEYA. . .
• WE HAVE . . .	SINA . . .	SEENA . . .
• WE WANT . . .	SIFUNA . . .	SEEFOONA . . .
• HERE IS . . .	NAKHU . . . / NA . . .	NAAKOO . . ./ NAA. . .
• WHERE IS . . .	I-KUPHI . . .	EE-KOOPI . . .
• WHAT IS THIS	YINI LE	YEENI LE´
• WHAT IS THAT	YINI LEYO	YEENI LE´YO´
• WHY	KUNGANI / NGANI / YINI NDABA	KOONGAANGI / NGAANI / YEENI NDAABA
• DO THAT	YENZA LOKHO / KWENZA LOKHO	YE´NZA LO´KO´ (LAWKAW) / KWE´NZA LO´KO´
• DON´T DO THAT	UNGAKWENZI LOKHO	OONGAAKWE´NZI LO´KO´
• I KNOW / DON´T KNOW	NGIYAZI / ANGAZI	NGEEYAAZI / AANGAAZI
• I THINK SO	NGICABANGA	NGEECAABAANGA
• I DON´T THINK SO	ANGISHO / ANGICABANGI KANJALO	AANGEESHO´ / (UNGEESHO´) / AANGEECAABAANGI KAANJAALO´
• I AM TIRED	NGIKHATHELE	NGEEKAATE´LE´
• I AM GLAD	NGIYAJABULA	NGEEYAAJAABOOLA
• I AM CROSS	NGITHUKUTHELE	NGEETOOKOOTE´LE´
• I AM SORRY	NGIYAXOLISA	NGEEYAAXO´LEESA
• LISTEN	LALELA	LAALE´LA
• I DON´T UNDERSTAND	ANGIZWA	AANGEEZWA
• I UNDERSTAND	NGIYEZWA	NGEEYE´ZWA
• LOOK OUT FOR . . .	QAPHELA I . . .	QAAPE´LLA EE...
• WHAT DO YOU MEAN	USHO UKUTHINI	OOSHO´ OOKOOTEENI
• CAN YOU EXPLAIN	UNGACHAZA NA	OONGAACAAZA NAA
• DO YOU SPEAK . . .	UKHULUMA ISI . . .	OOKOOLOOMA EESEE...
• SPEAK SLOWLY	KHULUMA KANCANE	KOOLOOMA KAANCAANI
• REPEAT SLOWLY	PHINDA KANCANE	PEENDA KAANCAANI
• WILL YOU WRITE IT DOWN	NGICELA UKUBHALE PHANSI	NGEECE´LA OOKOOBAALE´ PAANSI
• YES	YEBO	YE´BO´
• PLEASE	NGICELA	NGEECE´LA
• NO	CHA	CAA
• THANK YOU	NGIYABONGA	NGEEYAABO´NGA
• EXCUSE ME	UXOLO	OOXO´LO´
• EXCUE ME, WHAT DID YOU SAY?	UXOLO, UTHENI / UTHINI	OOXO´LO´ OOTE´NI / OOTEENEE

• GOOD MORNING / EVENING	SAWUBONA	SAAWOOBO´NA
• GOODBYE (STAY WELL)	SALA KAHLE	SAALA KAAHLE´
• GOODBYE (GO WELL)	HAMBA KAHLE	HAAMBA KAAHLE´
• IS HE / SHE AT HOME	UKHONA EKHAYA	OOKO´NA E´KAAYA
• PLEASE TELL HIM / HER I PHONED / CALLED	MTSHELE UKUTHI BENGIMSHAYELE UCINGO	MTCHE´LE´ OOKOOTI BE´NGEEMSHAAYE´LE´ OOCEENGO´
• PLEASE TELL HIM / HER I WAS LOOKING FOR HIM / HER	MTSHELE UKUTHI BENGIMFUNA	MTCHE´LE´ OOKOOTI BE´NGEEMFOONA
• SEND REGARDS TO. . .	KHONZA KU. . .	KO´NZA KOO. . .
• HOW DO YOU DO	UNJANI	OONJAANI
• HOW ARE YOU ALL	NINJANI	NINJAANI
• I AM FINE THANK YOU	NGISAPHILA	NGEESAAPEELA
• I AM NOT WELL	ANGIPHILI	AANGEEPEELI
• I AM SICK	NGIYAGULA	NGEEYAAGOOLA
• WHO IS THERE	UBANI OLAPHO / OKHONA	OOBAANI O´LAAPO´ / O´KO´NA
• WHERE DO YOU COME FROM	UPHUMAPHI	OOPOOMAAPI
• I COME FROM . . .	NGIPHUMA E . . .	NGEEPOOMA E´. . .
• I AM ASKING FOR WORK	NGIZOCELA UMSEBENZI	NGEEZO´CE´LLA OOMSE´BE´NZEE
• WHAT WORK DO YOU WANT	UFUNA UKUSEBENZANI	OOFOONA OOKOOSE´BE´NZAANI
• WHAT WORK DO YOU DO	WENZA MSEBENZI MUNI	WE´NZA MSE´BE´NZI MOONI
• I WANT TO WORK IN . . .	NGIFUNA UKUSEBENZA E. . .	NGEEFOONA OKOOSE´BE´NZA E´. . .
• WHERE DO YOU WORK	USEBENZAPHI	OOSE´BE´NZAAPI
• COME IN	NGENA	NGE´NA
• SIT DOWN	HLALA PHANSI	HLAALAA PAANSI
• STAND UP	SUKUMA	SOOKOOMA
• COME NEARER	SONDELA	SO´NDE´LLA
• COME HERE	YIZA / WOZA LAPHA	YEEZA / WO´ZA LAAPA
• OPEN / CLOSE	VULA / VALA	VOOLA / VAALA
• TELL HIM / HER TO WAIT	MTSHELE ALINDE / AME	MTCHE´LE´ AALEENDE´ / AAME´
• WHAT IS THE MATTER	YINI NDABA	YEENEE NDAABA
• WHAT IS YOUR NAME	UNGUBANI IGAMA LAKHO	OONGOOBAANI EEGAAMA LAAKO´
• MY NAME IS . . .	IGAMA LAMI NGINGU. . .	EEGAAMA LAAMEE NGEENGOO . . .
• HOW OLD ARE YOU	UNEMINYAKA EMINGAKI	OONE´MEENYAAKA E´MEENGAAKI
• I AM TEN YEARS OLD	NGINEMINYAKA EYI 10	NGEENE´MEENYAAKA E´YE 10
• ARE YOU ENGAGED	UGANILE	OOGAANEELE´
• ARE YOU MARRIED	USHADILE	OOSHAADEELE´
• DO YOU HAVE ANY CHILDREN	UNABO ABANTWANA	OONAABO ABAANTWAA
• WHERE DO YOU LIVE	UHLALAPHI	OOHLAALAAPI
• I LIVE IN . . .	NGIHLALA E . . .	NGEEHLAALA E´ . . .
• I AM BUSY	NGIYASEBENZA	NGEEYAASE´BE´NZA
• HOW LONG MUST I WAIT	NGIZOLINDA ISIKHATHI ESINGAKANANI	NGEEZO´LEENDA EESEEKAATI E´SEENGAAKAANAANI
• WHAT IS YOUR NAME	IGAMA LAKHO NGUBANI	EEGAAMA LAAKO´ NGOOBAANI
• MY NAME IS	IGAMA LAMI NGU . . .	EEGAAMA LAAMI NGOO. . .
• WHERE DO YOU WORK	USEBENZAPHI	OOSE´BE´NZAAPI
• WHAT IS YOUR TELEPHONE NUMBER	ITHINI INAMBA YOCINGO LWAKHO	EETEENI EENAAMBA YO´CEENGO´ LWAAKO´
• MY NUMBER IS . . .	INAMBA YAMI ITHI . . .	EENAAMBA YAAMI EETEE. . .

• WHERE ARE YOU GOING	UYAPHI	OOYAAPI
• I AM GOING TO . . .	NGIYA E / KWA / KU. . .	NGEEYA E´ / KWAA / KOO . . .
• WHAT DAY IS IT TODAY	OLWESINGAKI NAMHLANJE	O´LWE´SSEENGAAKI NAAMHLAANJE´
• WHAT TIME IS IT	YISIKHATHI SINI	YEESEEKAATTI SEENI
• IT IS LATE	ISIKHATHI SESISHAYILE	EESEEKAATI SE´SISHAAYEELE´
• IT IS EARLY	ISIKHATHI SIKAHLE	EESEEKAATI SEEKAAHLE´
• I AM IN A HURRY	NGIJAHILE	NGEEJAAGHEELE´
• LOOK AFTER THE CHILD	GADA / BHEKA UMNTWANA	GAADA / BE´KA OOMNTWAANA
• I HAVE COME FROM . . .	NGIPHUMA E . . .	NGEEPOOMA E´. . .
• WHERE IS THE . . .	IKUPHI I. . .	EEKOOPEE EE. . .
• WHERE IS THE TOILET	LIKUPHI ITHOYILETHE	LEEKOOPEE EETO´YEELE´TE´

HOUSEHOLD	OKWASEKHAYA	O´KWAASE´KAAYA
• PLEASE WILL YOU . . .	NGICELA U . . .	NGEECE´LA OO . . .
• THANK YOU	NGIYABONGA	NGEEYAABO´NGA
• CAN YOU (DO) . . .	UNGAKWAZI UKU . . .	OONGAAKWAAZI OOKOO . . .
• PLEASE WILL YOU HELP ME	NGICELA UNGISIZE	NGEECE´LA OONGEESEEZE´
• CAN YOU HELP ME	UNGANGISIZA	OONGAANGEESEEZA
• I SHALL BE GLAD TO HELP YOU	NGINGAJABULA UKUKUSIZA	NGEENGAAJAABOOLA OOKOOKOOSEEZA
• HOW MUCH DO YOU EARN	UHOLA MALINI	OOHALLA (OOHO´LA) MAALEENI
• YOUR SALARY WILL BE R500	I HOLO LAKHO LIZOBA NGU R500-00	EEHO´LO´ LAAKO´ LEEZO´BA NGOO R500-00
• WHEN DO YOU START	UQALA NINI	OOQAALA NEENI
• WHEN DO YOU FINISH	UQEDA NINI	OOQE´DA NEENI
• COME BACK AT 2 PM	UBUYE NGO 2	OOBOOYE´ NGO´ 2
• YOU CAN HAVE SUNDAYS OFF	UZOTHOLA ISIKHATHI SOKUPHUMULA NGE SONTO	OOZO´TO´LA EESEEKAATI SO´KOOPOOMOOLA NGE´ SO´NTO´
• WHAT TIME WILL YOU LEAVE	UZOHAMBA NGASIKHATHI SINI	OOZO´HAAMBA NGAASEEKAATI SEENI
• YOU CAN HAVE LEAVE (HOLIDAY) IN DECEMBER	UNGAKWAZI UKUTHOLA IHOLIDE NGODISEMBA	OONGAAKWAAZI OOKOOTO´LA (TALLA) EEHO´LEEDE´ NGO´DEESE´MBA
• THIS IS YOUR UNIFORM	LE INYUFOMU YAKHO	LE´ INYOOFO´MOO YAAKO´
• I WILL MAKE / COOK . . . LUNCH SUPPER BREAKFAST	NGIZOPHEKA . . . ILANTSHI ISAPHA IBHULAKUFESI	NGEEZO´PE´KKA. . . EELAANTSHEE EESUPPA (SAAPA) EEBOOLAAKOOFE´SSI
• I WILL BAKE . . . CAKE / BREAD / SCONES	NGIZOBHAKA . . . IKHEKHE / ISINKWA / AMAKONI	NGEEZO´BAAKA . . . EEKE´KE´ / EESEENKWAA / AAMAAKO´NEE
• I AM THIRSTY	NGOMILE	NGO´MEELE´
• I AM HUNGRY	NGILAMBILE	NGEELAAMBEELE´
• MAKE TEA / COFFEE	YENZA ITIYE / IKHOFI	YE´NZA EETEEYA / EEKOFFEE
• WASH UP DISHES	GEZA IZITSHA	GE´ZA EEZEETSHA
• I WILL DRY UP	NGIZOZESULA	NGEEZO´ZE´SOOLA
• DEFROST THE FRIDGE	NCIBILIKISA IQHWA EFRIJINI	NCEEBEELEEKEESA EEQWA E´FRIJINI
• CLEAN THE . . . OVEN STOVE MICROWAVE	HLANZA . . . UHHAVINI ISITOFU IMAYIKHROWEYIVI	HLAANZA . . . OOHAAVEENEE EESEETO´FOO EEMAAYEEKRO´WE´YEEVEE
• CLEAN THE HOUSE	HLANZA / SULA INDLU	HLAANZA / SOOLA EENDLOO
• WASH WINDOWS / BATH / TOILET / BASIN / CARPETS	GEZA AMAFASITELA / UBHAVU / ITHOYILETHI / ISITSHA / OKHAPETHI	GE´ZA AAMAAFAASEETE´LA / OOBAAVOO / EETO´YEELE´TTI / EESEETSHA / O´KAAPE´TEE
• REMOVE THE STAINS	SUSA AMABALA	SOOSA AAMAABAALA
• STAIN / STAINS	IBALA / AMABALA	EEBAALA / AAMAABAALA

English	Zulu	Pronunciation
• DISINFECT (V)	BULALA AMAGCIWANE	BOOLAALA AAMAAGCEEWAANE´
• DISINFECTANT (JIK ETC.)	ISIBULALIMAGCIWANE / ISIHLANZISISI	EESEEBOOLAALEEMAAGCEE-WAANE´/ EESEEHLAANZEESEESI
• USE HANDY ANDY ETC.	SEBENZISA IH/ANDY	SE´BE´NZEESA EE H/ANDY
• STARCH	ISITASHI	EESEETAASHI
• STA SOFT	STA SOFTI	STA-SO´FTEE
• POLISH THE SHOES	PHOLISHA IZICATHULO	PO´LEESHA EEZEECAATOOLO´
• SWEEP / POLISH	SHANELA / PHOLISHA	SHAANE´LLA / PO´LEESHA
• CLEAN / SCRUB	HLANZA / KHUHLA	HLAANZA / KOOHLA
• VACUUM CARPETS	HLANZA OKHAPHETHI	HLAANZA O´KAAPE´TI
• MAKE THE BEDS	YENDLULA UMBHEDE	YE´NDLOOLA OOMBE´DE´
• THE . . . IS DIRTY	I. . .INGCOLILE	EE . . . EENGCO´LEELE´
• PLEASE WASH IT	NGICELA UGEZE / UWASHE	NGEECE´LA OOGE´ZE´ / OOWAASHE´
• CHANGE THE SHEETS	SHINTSHA AMASHIDI	SHEENTSHA AAMAASHEEDEE
• AIR THE BEDS ETC.	SHIYA KUSHAYA UMOYA	SHEEYA KOOSHAAYA OOMO´YAA
• WASH THE CLOTHES / CURTAINS / BLANKETS / DUVET / NET CURTAINS	WASHA IZINGUBO / AMAKHETHINI / IZINGUBO ZOKULALA / IDUVET / AMAKHETHINI ENETHI	WAASHA EEZEENGOOBO´ / AAMAAKE´TEENEE / EEZEENGOOBO´ ZO´KOOLAALA / EEDOOVE´T / AAMAAKE´TEENEE E´NE´TEE
• WILL THIS SHRINK	KUZOFINYELA YINI (LOKHU)	KOOZO´FEENYE´LLA YEENI (LO´KOO)
• WILL THE COLOUR RUN	UMBALA UYAPHUMA YINI	OOMBAALA OOYAAPOOMA YEENI
• THE COLOUR WILL RUN	UMBALA UZOPHUMA	OOMBAALA OOZO´POOMA
• HANG OUT WASHING TO DRY	NEKA IZINGUBO UKUBA YOME / ZOME	NE´KKA EEZEENGOOBO´ OOKOOBAA YO´ME´ / ZO´ME´ (PLURAL)
• BRING IN WASHING	NGENISA IZINGUBO	NGE´NEESA EEZEENGOOBO´
• IRON THE CLOTHES	AYINA IZINGUBO	AAYEENA EEZEENGOOBO´
• HANG UP CLOTHES	GAXA / PHANYEKA IZINGUBO	GAAXA / PAANYE´KA EEZEENGOOBO´
• PUT CLOTHES AWAY	BEKA IZINGUBO	BE´KA EEZEENGOOBO´
• THIS NEEDS MENDING	LOKHU KUDINGA UKUCHITSHIYELWA	LO´KOO KOODEENGA OOKOOCHEETSHEEYE´LWA
• THE SOAP IS FINISHED	INSIPHO IPHELILE	EENSEEPO´ EEPE´LEELE´
• TAKE OUT THE RUBBISH / DIRT (GARBAGE)	KHIPHA IZIBI / UDOTI	KEEPA EEZEEBEE / OODO´TI
• FEED THE DOGS	PHAKELA IZINJA	PAAKE´LLA EEZEENJA
• FEED THE CAT	PHAKELA IKATI	PAAKE´LLA EEKAATI
• FEED THE BABY	PHAKELA UMNTWANA	PAAKE´LLA OOMNTWAANA

English	Zulu	Pronunciation
• TAKE MARK TO SCHOOL AT 8	HAMBISA uMARK ESIKOLENI NGO 8	HAAMBEESA ooMARK E´SEEKO´LE´NEE NGO´ 8
• FETCH MARK FROM...	LANDA uMARK E...	LAANDA ooMARK E´...
• WHERE DOES MARK GO TO SCHOOL / UNIVERSITY	uMARK, UFUNDA KUSIPHI ISIKOLE / IYUNIVESITHI	OOMARK, OOFOONDA KOOSEEPEE EESEEKO´LE´ / EEYOONEEVE´SEETEE
• WHAT STANDARD ARE YOU IN	UFUNDA STANDADI BANI	OOFOONDA STAANDAADI BAANI
• I AM IN STD. 1	NGIFUNDA IBANGA 1	NGEEFOONDA EEBAANGA 1
• IS THERE ANYTHING WE NEED IN THE HOUSE	KUKHONA YINI ESIKUDINGAYO / ESIKUFUNAYO ENDLINI	KOOKO´NA YEENEE E´SEEKOODEENGAAYO´ / E´SEEKOOFOONAAYO´ E´NDLEENEE
• THE ... IS FINISHED	UPHELILE U ...	OOPE´LEELE´ OO ...
• WHERE IS THE ...	IKUPHI I ...	EEKOOPI EE ...
BATHROOM	IBHAVULUMU	EEBAAVOOLOOMOO
BEDROOM	IKAMELO LOKULALA	EEKAAME´LO´ LO´KOOLAALAA
DININGROOM	IKAMELO LOKUDLELA	EEKAAME´LO´ LO´KOODLE´LAA
GARAGE	IGALAJI	EEGAALAAJEE
KITCHEN	IKHISHI	EEKEESHEE
LOUNGE	ILAWUNJI	EELAAWOONJEE
PANTRY	IPHENTRI	EEPE´NTREE
STUDY	ISITADI	EESEETAADI
VERANDAH	UVULANDI / UVULANDE	OOVOOLAANDEE / OOVOOLAANDE´
• TOILET	ITHOYILETHE	EETO´YEELE´TTE´
• THE ... IS BROKEN	KUPHUKE I ...	KOOPOOKE´ EE ...
• WHAT IS THE TIME	SIKHATHI SINI	SEEKAATI SEENI
• THE TIME IS 10 O´ CLOCK	ISIKHATHI NGU - 10	EESEEKAATI NGOO 10

- WHEN ASKING FOR SOMETHING, ALWAYS PUT PLEASE - *NGICELA* BEFORE THE QUESTION eg.
- PLEASE FETCH MARK FROM SCHOOL - *NGICELA* ULANDE uMARK - *NGIYABONGA* - *NGEECE´LA* OOLAANDE´ ooMARK - *NGEEYABO´NGA*
- WHEN FINISHED ASKING FOR SOMETHING, ALWAYS SAY THANKYOU - *NGIYABONGA*

EATING / COOKING	UKUDLA / UKUPHEKA	OOKOODLAA/ OOKOOPE´KKA
• I AM HUNGRY / THIRSTY	NGILAMBILE / NGOMILE	NGEELAAMBEELE´ / NGO´MEELE´
• I WOULD LIKE YOU TO . . .	NGI CELA U. . .	NGEE CE´LA OO . . .
• I WOULD / FEEL LIKE . . .	NGITHANDA . . .	NGEETAANDA....
• STEAK	INYAMA	EENYAAMA
• BAKED POTATO	IZAMBANE ELIBHAKIWE	EEZAAMBAANE´ E´LLEEBAAKEEWE´
• CHIPS	AMASHIPSI	AAMAASHEEPSI
• MASH	IZAMBANE ELIBONDIWE	EEZAAMBAANE´ E´LEEBO´NDEEWE´
• BOILED EGG	IQANDA ELIBILISIWE	EEQAANDA E´LEEBEELEESEEWE´
• FRIED EGG	IQANDA ELITHOSIWE	EEQAANDA E´LEETO´SEEWE´
• SCRAMBLED EGG	IQANDA ELIPHEHLIWE	EEQAANDA E´LEEPE´HLEEWE´
• POACHED EGG	IQANDA ELIPHOSHIWE	EEQAANDA E´LEEPO´SHEEWE´
• OMELLETE	I-OMILETHE	EE-O´MEELE´TTE´
• GRILLED / FRIED FISH	INHLANZI EGRILIWE / ETHOSIWE	EENHLAANZEE E´GREELEEWE´ / E´TO´SEEWE´
• BREAD AND BUTTER / JAM	ISINKWA NEBHOTELA / UJAMU	EESEENKWA NE´BO´TELLA / OOJAAMOO
• MAY I HAVE SOME WATER	NGICELA AMANZI	NGEECE´LA AAMAANZEE
• MAY I HAVE THE SALT & PEPPER	NGICELA USAWOTI NOPHEPHA	NGEECE´LA OOSAAWO´TI NO´PE´PAA
• THE FOOD IS COLD	UKUDLA KUYABANDA	OOKOODLA KOOYABAANDA
• THE FOOD IS OVERDONE	UKUDLA KUVUTHWE BUSHU	OOKOODLA KOOVOOTWE´ BOOSHOO
• THE FOOD IS RAW	UKUDLA KUSELUHLAZA	OOKOODLA KOOSE´ LOOHLAAZA
• TAKE THIS AWAY	KUSUSE LOKHU	KOOSOOSE´ LO´KOO
• THIS ISN'T CLEAN	AKUHLANZEKILE LOKHU	AAKOOHLAANZE´KEELE´ LO´KOO
• NO THANK YOU	NGIYABONGA	NGEEYAABO´NGA
• THE FOOD IS NICE	UKUDLA KUMNANDI	OOKOODLA KOOMNAANDI

GARDEN	INGADI	INGAADI
CUT THE EDGES	SIKA EMACELENI	SEEKA E´MAACE´LE´NI
DIG / PLANT (V)	IMBA / TSHALA	EEMBA / TSHAALA (TCHAALA)
EDGE TRIMMER	ISIPHUNDLI	EESEEPOONDLEE
FENCE	IFENSI	EEFE´NSEE
FILTER	IFILTHA	EEFEELTA
FLOWERBED	UMBHEDE WEZIMBALI	OOMBE´DE´ WE´ZEEMBAALI
FLOWERS	IZIMBALI	EEZEEMBAALI
FORK	IMFOLOGO	IMFO´LO´GO´
GARDEN HOSE	ITHUMBU LOKUCHELELA (/ LOKUNISELA)	EETOOMBOO LO´KOOCHE´LE´LAA (/ LO´KOONEESE´LA)
HEDGE	UTHANGO	OOTAANGO´
LAWN	UTSHANI / INGILAZI	OOTSHAANI / INGEELAAZEE (OOTCHAANI)
LAWNMOWER	UMSHINI WOKUGUNDA (/ SIKA) UTSHANI	OOMSHEENI WO´KOOGOONDA (/ SEEKA) OOTSHAANI (OOTCHAANI)
MANURE / COMPOST	UMQUBA	OOMQOOBA
MOW THE LAWN	GUNDA (/SIKA) UTSHANI	GOONDA (/ SEEKA) OOTCHAANI
PLANT . . .(V)	TSHALA . . .	TSHAALA / TCHAALA . . .
PLANTS	IZITHOMBO	EEZEETO´MBO´
PLEASE WILL YOU. . .	NGICELA U . . .	NGEECE´LA OO . . .
POTPLANT	IBHODWE LEZIMBALI	EEBO´DWE´ LE´ZEEMBAALI
RAKE	IHHALA	EEHAALA
SECATEURS	ISIKELO SEMITHI	EESEEKE´LO´ SE´MEETEE
SEED / SEEDS	IMBEWU / IZIMBEWU	IMBE´WOO / EEZEEMBE´WOO
SHEARS / SCISSORS	ISIKELO	EESEEKE´LO´
SHRUB	ISIHLAHLANA	EESEEHLAAHLAANA
SPADE	ISIPETE	EESEEPE´TE´
SPRINKLER	ISIFAFAZI	EESEEFAAFAAZEE
STEP LADDER	ISITEBHISI	EESEETE´BEESEE
SWEEP THE YARD	SHANELA IYADI	SHAANE´LLA EEYAADI
SWIMMING POOL	IDAMU LOKUBHUKUDA	EEDAAMOO LO´KOOBOOKOODA
TRACTOR	UGANDAGANDA	OOGAANDAAGAANDA
TREE	UMUTHI / ISIHLAHLA	OOMOOTI / EESEEHLAAHLAA
TRIM THE HEDGE ETC.	UTHANGO KUMELE LUNCWELWE	OOTAANGO´ KOOME´LE´ LOONCWE´LWE´
TROWEL	ITROFELA	EETRO´FE´LLA
WATER THE GARDEN	CHELELA / NISELA INGADI	CHE´LE´LAA / NEESE´LLA EENGAADI
WATERING CAN	IKANI LOKUNISELA	EKAANI LO´KOONEESE´LA
WEEDS	UKHULA	OOKOOLA
WEED KILLER	ISIBULALIKHULA	EESEEBOOLAALEEKOOLA
WEED THE FLOWERBEDS	IZIMBALI ZIDINGA UKUHLAKULELWA	EEZEEMBAALI ZEEDEENGA OOKOOHLAAKOOLE´LWAA
WHEEL BARROW	IBHALA	EEBAALA

RECREATION	UKUDLALA	OOKOODLAALA
CAN YOU SWIM	UYAKWAZI UKUBHUKUDA	OOYAAKWAAZI OOKOOBOOKOODA
SWIMMING POOL	ISIZIBA SOKUBHUKUDA	EESEEZEEBA SO´KOOBOOKOODA
LIFESAVERS	ABABHEKIMPILO	AABAA-BE´KEEMPEELO´
WHAT SPORT DO YOU PLAY	UDLALA MDLALO MUNI	OODLAALA MDLAALO´ MOONI
I PLAY ...	NGIDLALA...	NGEEDLAALA ...
RUGBY (AMA BOKKA BOKKA)	IRAGBHI	EERAAGBEE
SOCCER (BAFANA BAFANA)	IBHOLA	EEBALLA / EEBO´LA
HOCKEY (AMA STOKKA STOKKA)	IHOKHI	EEHO´KI
TENNIS (AMA SMASH SMASH)	ITHENISI	EETE´NEESI
CRICKET (AMA HOWZAT)	IKHILIKITHI	EEKEELEEKEETEE
I SWIM	NGIYABHUKUDA	NGEE-YAA- BOOKOODA
I CATCH FISH	NGIDOBA INHLANZI	NGEEDO´BA INHLAANZI
I PLAY GOLF	NGIDLALA IGALOFU	NGEE-DLAALA EEGAALO´FOO
I PLAY SQUASH	NGIDLALA ISIKWASHI	NGEEDLAALA EESEEKWAASHEE
I RACE CARS	NGIJAHA IZIMOTO	NGEE-JAAGHA EEZEEMO´TO´
RACING CARS	IZIMOTO ZOMJAHO	EEZEEMO´TO´ ZO´MJAAGHO´
I RACE HORSES	NGIGIJIMA NGAMAHHASHI	NGEE-GEEJEEMA NGAAMAAHAASHI
HORSE RACE	UMJAHO WAMAHHASHI	OOMJAAGHO´ WAAMAAHAASHI
I RUN	NGIYAGIJIMA	NGEE-YAA GEEJEEMA
BOXER	UMSHAYISIBHAKELA	OOMSHAAYEESEEBAAKE´LLA
BOXING	ISIBHAKELA	EESEEBAAKE´LA
I DON´T PLAY ANY SPORT	ANGIDLALI LUTHO	AANGEEDLAALI LOOTO´
ARENA	INKUNDLA	EENKOONDLA
CHANGE ROOMS	IZINDLU ZOKUSHINTSHA	EEZEENDLOO ZO´KOOSHEENTSHA
CLUB (TENNIS)	IKILABHU YE ...(THENISI)	EEKEELAABOO YE´ .. (TE´NNEESI)
CUP / TROPHY	INDEBE	EEDE´BE´
TENNIS RACKET	IRAKHETI LETHENISI	EERAAKE´TI LE´TE´NE´SI
HOCKEY STICK	INDUKU YEHOKHI	EENDOOKOO YE´HO´KI
GOLF CLUBS	IZINDUKU ZEGALOFU	EEZEENDOOKOO ZE´GAALO´FOO
GOLF CLUB / COURSE	EGALOFINI	E´GAALO´FEENI
I WANT TO ... (PLAY)	NGIFUNA UKU ...	NGEEFOONA OOKOO ...
GO TO ... (THE BEACH)	HAMBA E ... / YIYA E ...	HAAMBA E´ ... / YEEYA E´ ...
WHICH WAY TO ...	LINGAKUPHI I ...	LEENGAAKOOPI EE ...
ART GALLERY	I -ATHIGALARI	EE-AATEEGAALAAREE
THE BEACH	IBHISHI	EEBEESHI
CINEMA	EBHAYISKOBHO	E´BAAYEESKO´BO´
MUSEUM	IMNYUZIYAMU	IMNYOOZEEYAAMOO

- JOIN THE LIBRARY — JOYINA ILAYIBHRARI — JO´YEENA EELAAYEEBRAARI
- I WANT TO BORROW A BOOK — NGIFUNA UKUBOLEKA INCWADI / IBHUKU — NGEEFOONA OOKOOBO´LE´KKA INCWAADEE / EEBOOKOO
- I WANT MY HAIR CUT — NGIFUNA UKUGUNDA — NGEEFOONA OOKOOGOONDA
- TO PERM HAIR — UKUPHEMA — OOKOOPE´MMA
- I WANT MY HAIR DONE — NGIFUNA UKUCWALWA IZINWELE — NGEEFOONA OOKOOCWAALWA EEZEENWE´LE´
- WHERE IS THE NEAREST... — IKHUPI I... ESEDUZE — EEKOOPEE EE... E´SE´DOOZE´
- BAIT — UKUDLA KOKUDOBA — OOKOODLA KO´KOODO´BA
- LINE (SIDE, BORDER) — UMUGQA — OOMOOGQA
- SPECTATOR — ISIBUKELI — EESEEBOOKE´LI
- WIN — PHUMA PHAMBILI — POOMA PAAMBEELI
- LOSE GAME — HLULWA EMDLALWENI — HLOOLWA E´MDLAALWE´NNI

SPORTING TERMS	AMAGAMA OMDLALO	AAMAAGAAMA O´MDLAALO´
RUGBY SOCCER & CRICKET	**IRAGHBI IBHOLA & IKHILIKITHI**	**EERAAGBI EEBO´LA & EEKEELEEKEETI**
ADVANTAGE	ILUNGELO LOKWEDLULA	EELOONGE´LO´ LO´KWE´DLOOLA
APPEAL (HOWS THAT !)	KHALELA	KAALE´LA
ATTACKING	UKUHLASELA	OOKOOHLAASE´LA
AWARD A PENALTY	UKUNIKEZWA IPHENALTHI	OOKOONEEKE´ZWA EEPE´NAALTI
BACKS	ABADLALA EMUVA	AABAADLAALA E´MOOVA
BAILS	AMABHEYILI	AAMAABE´YEELI
BALL	IBHOLA	EEBO´LLA
BAT	IBHETHI	EEBE´TI (EEBATTY)
BATSMAN	UMBHETHI	OOMBE´TI (OOMBATTY)
BOUNDARY	UMNGCELE	OOMNGCE´LE´
BOWLER	UMBHAWULI	OOMBAAWOOLI
BYE (LEG BYE)	IBHAYI	EEBAAYI
CAUTION	ISEXWAYISO	EESE´XWAAYEESO´
CENTRE	ISENTA	EESE´NTA
CENTRE CIRCLE	ISIYINGI SASESENTA	EESEEYEENGI SAASE´SE´NTA
CENTRE FIELD	ISISU SENKUNDLA	EESEESOO SE´NKOONDLA
COACH	UMLOLONGI	OOMLO´LO´NGI
COMMENTATOR	UMSAKAZI	OOMSAAKAAZI
CONVERSION	IKHONVESHINI	EEKO´NVE´SHEENI
CONVERT (A TRY)	UKUKHONVETHA	OOKOOKO´NVE´TTA
CORNER	IKHONA	EKO´NA
CORNER FLAG	IKHONA FLEGI	EEKO´NAA FLE´GI
CROSSBAR	IKHROSIBHA	EEKRO´SEEBAA
DEAD LINE	UMNQAMULAJUQU	OOMNQAAMOOLAAJOOQOO
DECLARE (CRICKET)	NQUMA	NQOOMA
DEFENDERS	AMADIFENDA	AAMAADEEFE´NDA
DISALLOW	UKUNGAVUMELI	OOKOONGAAVOOME´LI
DOT DOWN	UKUGQOMA	OOKOOGQO´MA
DRAW - A TIE	UMDLALO U PHELA NGOKULINGANA	OOMDLAALO´ OO PE´LA NGO´KOOLEENGAANA
DROP KICK / DROP GOAL	IDROPHUGOLI	EEDRO´POOGO´LI
DUCK (GO FOR A DUCK - NO RUNS)	IQANDA	EEQAANDA
EXTRA TIME	ISIKHATHI ESENGEZIWE	EESEEKAATI E´SE´NGE´ZEEWE´
FIELD	INKUNDLA / IBALA	EENKOONDLA / EEBAALA
FIELD - ON THE FIELD	EBALENI	E´BAALE´NI
FIELDERS	ABADLALI / UMCOSHI BHOLA	AABAADLAALI / OOMCO´SHI BO´LA
FLAG	IFLEGI	EEFLE´GI
FORMATION	IPHETHINI ELINGU	EEPE´TEENI E´LEENGOO
FORWARDS	AMAFOLOSI	AAMAAFO´LO´SI
FOUL (N)	IFAWULI	EEFAAWOOLI
FOUL (V)	UKUFONKA	OOKOOFO´NKA
FREE KICK	ELIBEKWE PHANSI	E´LEEBE´KWE´ PAANSI
GAME (OF RUGBY)	EMDLALWENI WE - RAGBHI	E´MDLAALWE´NI WE´ - RAAGBI

GOAL	IGOLI	EEGO´LI
GOAL AREA	EMAGOLINI	E´MAAGO´LEENI
GOAL AREA (RUGBY)	EMAPALINI	E´MAAPAALEENI
GOALIE	UNOZINTI	OONO´ZEENTI
GOAL LINE (RUGBY)	ULAYINI WAMAPALI	OOLAAYEENI WAAMAAPAALI
GOAL POSTS	AMAPALI	AAMAAPAALI
HALFTIME	ISIKHATHI SEKHEFU	EESEEKAATI SE´KE´FOO
HANDBALL	UKULIBAMBA NGESANDLA	OOKOOLEEBAAMBA NGE´SAANDLA
HEADER	UKULISHAYA NGEKHANDA	OOKOOLEESHAAYA NGE´KAANDA
INJURY TIME	ISIKHATHI SOKULIMALA	EESEEKAATI SO´KOOLEEMAALA
INNINGS	AMANGENO	AAMAANGE´NO´
KICK A GOAL	KHAHLELA IGOLI	KAAHLE´LA EEGO´LI
KICK OFF	UKULISUSA	OOKOOLEESOOSA
KICK OFF	UKUKHAHLELA KOKUQALA	OOKOOKAAHLE´LA KO´KOOQAALA
L B W	UKUSITHA NGOMLENZE	OOKOOSEETA NGO´MLE´NZE´
LINE OUT	ILAYINI AWUTHI	EELAAYEENI AAWOOTI
LINESMAN	USOMUGQA	OOSO´MOOGQA
MIDFIELDERS	ABADLALI BASESISWINI	AABAADLAALI BAASE´SEESWEENI
MATCH	IMESHI	EEME´SHI
NET	INETHI	EENE´TI
NO BALL	IBHOLA ELIYIPHUTHA	EEBO´LA E´LEEYEEPOOTA
OBSTRUCTION	UKUVIMBELA	OOKOOVEEMBE´LA
OFFSIDE	ENDAWENI ENGAVUNYELWE	E´NDAAWE´NI E´NGAAVOONYE´LWE´
OVAL (N) - CRICKET OVAL	UMBHOXO	OOMBO´XO´
OVER	I - OVA	EE - O´VA
PASS (TO)	UKUPHASA	OOKOOPAASA
PENALISE	UKUJEZISA	OOKOOJE´ZEESA
PENALTY AREA	INDAWO YEPHENALTHI	EENDAAWO´ YE´PE´NAALTI
PENALTY KICK	IPHENALTHI	EEPE´NAALTI
PITCH / WICKET	IWIKHETHI	EEWEEKE´TI
PLAYERS	ABADLALI	AABAADLAALI
REFEREE	UNOMPEMPE	OONO´MPE´MPE´
ROUGH PLAY	UKUDLALISANA KABI	OOKOODLAALEESAANA KAABI
RUN OUT	UKUKHISHELWA NGAPHANDLE	OOKOOKEESHE´LWA NGAAPAANDLE´
RUNS	AMARANI	AAMAARAANI
SAVE	UKUVIMBA	OOKOOVEEMBA
SCORE	AMAPHUZU	AAMAAPOOZOO
SCORE A TRY	UKUFAKA ITHRAYI	OOKOOFAAKA EETRAAYI
SCRUM	ISKRAMU	EESKRAAMOO
SEND OFF	UKUKHIPHELA NGAPHANDLE	OOKOO-KEEPE´LA NGAAPAANDLE´
STRIKER	UMGADI	OOMGAADI
STUMPED	UKUSTAMPA	OOKOOSTAAMPA
STUMPS	AMAPALI / AMASTAMPI	AAMAAPAALI / AAMAASTAAMPI

SUBSTITUTE (N)	ONGENA ENDAWENI YOMUNYE	O´NGE´NA E´NDAAWE´NI YO´MOONYE´
SUBSTITUTE (V)	NGENA ENDAWENI YOMUNYE	NGE´NNA E´NDAAWE´NI YO´MOONYE´
TACKLE	UKUHLASELA	OOKOOHLAASE´LA
TEAM	ITHIMU	EETEEMOO
TOUCH	UMNGCELE / UTHASHI	OOMNGCE´LE´ / OOTAASHI
TOUCH KICK	UKUKHAHLELA NGAPHANDLE	OOKOOKAAHLE´LA NGAAPAANDLE´
TOUCHLINE (SCORE LINE)	UTHASHI LAYINI	OOTAASHEE LAAYEENI
TOUCHLINE (ON SIDE)	ULAYINI OSEMACELENI	OOLAAYEENI O´SE´MAACE´LE´NI
WHISTLE (N)	INDWEBA	EENDWE´BA
WHISTLE (V) BLOW	SHAYA INDWEBA	SHAAYA EENDWE´BA
WICKET	IWIKHETHI	EEWEEKE´TI
WICKET KEEPER	UMBHEKI WAMAWIKHETHI	OOMBE´KI WAAMAA-WEEKE´TI
WIDE - CRICKET	IWAYIDI	EEWAAYEEDI
UPRIGHT (POLE)	IPALI ELIMILE	EEPAALI E´LEEMEELE´

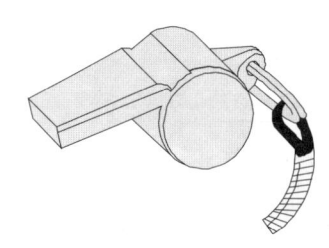

SHOPPING	UKUTHENGA	OOKOOTE´NGA
• WHERE IS THE STORE	SIKUPHI ISITOLO	SEEKOOPI EESEETO´LO´
• WHERE IS THE NEAREST...	IKUPHI I... ESEDUZE	EEKOOPI EE...E´SE´DOOZE´
• WHERE IS...	IKUPHI I...	EEKOOPI EE...
• I WANT TO BUY...	NGIFUNA UKUTHENGA...	NGEEFOONA OOKOOTE´NGA
• CLOTHES	IZINGUBO	EEZEENGOOBO´
• GROCERIES	IGILOSA	EEGEELO´SAA
• CAR	IMOTO	EEMO´TO´
• HOW MUCH IS IT	KUBIZA MALINI / MALINI	KOOBEEZA MAALEENEE / MAALEENEE
• IT COSTS...	KUBIZA... (R1-00)	KOOBEEZA... (R1-00)
• DO YOU HAVE CHANGE	UNAWO USHINTSHI	OONAAWO´ OOSHEENTSHEE
• PAY WITH...	KHOKHA NGE...	KO´KA (KORKA) NGE´...
CHEQUE	NGESHEKE	NGE´SHE´KE´
CREDIT CARD	NGEKHADI	NGE´KAADI
CASH	IMALI	EEMAALI
• PUT ON MY ACCOUNT	FAKA KU-AKHAWUNTI YAMI	FAAKA KOO-AAKAAWOONTI YAAMI
• WHAT ARE THE INSTALMENTS	MALINI EKHOKHWA NGAMANCONZUNCONZU	MAALEENI E´KO´KWA NGAAMAANCO´NZOONCO´NZOO
• PAY AT THE TILL	KHOKHA ETHILINI	KO´KAA E´TEELEENI
• LAYBYE	ISIBAMBISO	EESEEBAAMBEESO´
• THIS IS SMALL	LOKHU KUNCANE	LO´KOO KOONCAANEE
• THIS IS BIG	LOKHU KUKHULU	LO´KOO KOOKOOLOO
• I WANT SIZE...	NGIFUNA USAYIZI...	NGEEFOONA OOSAAYEEZI...
• WILL THIS SHRINK	KUZOFINYELA	KOOZO´FEENYE´LA
• WILL THIS STRETCH	KUZONWEBEKA	KOOZO´NWE´BE´KA
• WILL THE COLOUR RUN	UMBALA UZOPHUMA YINI	OOMBAALA OOZO´POOMA YEENI
• HOW DO YOU WASH IT	KUGEZWA KANJANI	KOOGE´ZWA KAANJAANI
• THIS NEEDS MENDING	LOKHU KUDINGA UKUCHITSHIYELWA	LO´KOO KOODEENGA OOKOOCHEETSHEEYE´LWA
• DRYCLEAN	DRAYIKILINA / WASHA ELONDOLO	DRAAYEEKEELEENA / WAASHA E´LO´NDO´LO´
• THE GLASS IS BROKEN	KUPHUKE INGILAZI	KOOPOOKE´ EENGEELAAZI
• WHEN WILL IT BE READY	IZOLUNGA NINI	EEZO´LOONGA NEENI
• DO YOU DELIVER	UYADILIVA	OOYAADEELEEVA
• I SHALL WAIT FOR IT	NGIZOKULINDELA	NGEEZO´KOOLEENDE´LA

17

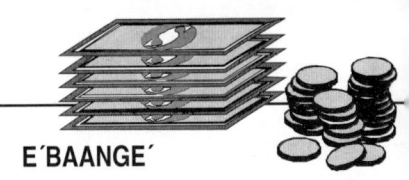

BANKING / BANK	EBHANGE	E´BAANGE´
• WHERE IS THE BANK /	LIPHI IBHANGE /	LEEPI EEBAANGE´ /
• BUILDING SOCIETY	IBHILDINGI SOSAYATHI	EEBEELDEENGEE SO´SAAYAATEE
• WHAT IS THE EXCHANGE RATE	YINI INANI LOKU-SHINTSHISANA NGEMALI	YEENEE EENAANEE LO´KOO-SHEENTSHEESAANAA NGE´MAALI
• OPEN AN ACCOUNT	UKUVULA I-AKHAWUNTI	OOKOOVOOLA EE-AAKAAWOONTI
• CLOSE MY ACCOUNT	VALA I-AKHAWUNTI YAMI	VAALA EE-AAKAAWOONTI YAAMI
• I WANT CHANGE	NGIFUNA USHINTSHI	NGEEFOONA OOSHEENTSHEE
• I WANT . . .	NGIFUNA . . .	NGEEFOONA . . .
TO DRAW MONEY	UKUKHIPHA IMALI	OOKOOKEEPA EEMAALI
TO DEPOSIT MONEY	UKULONDOLOZA IMALI	OOKOOLO´NDO´LO´ZA EEMAALI
A LOAN	UKWEBOLEKA IMALI	OOKWE´BO´LE´KKA EEMAALI
A BOND	UBUDLEWANE	OOBOODLE´WAANE´
A CHEQUE BOOK	IBHUKU LAMASHEKE	EEBOOKOO LAAMAASHE´KE´
A CREDIT CARD	IKHADI LOKUTHENGA	EEKAADI LO´KOOTE´NGA
AN OVERDRAFT	I-OVADRAFTHI	EE- O´VAADRAAFTI
• WHERE DO I SIGN	NGISAYINE KUPHI	NGEESAAYEENE´ KOOPI
• JOIN THE QUEUE	NGENA EMGQENI	NGE´NA E´MGQE´NI
• I WANT TO SEE THE MANAGER	NGIFUNA UKUBONA UMPHATHI	NGEEFOONA OOKOOBO´NA OOMPAATI
• SAVE MONEY	BEKA IMALI	BE´KA EEMAALI
• WHAT IS THE BALANCE OF MY ACCOUNT	MALINI EYIBHALANSI KU-AKHAWUNTI YAMI	MAALEENI E´YEEBAALAANSI KOO-AAKAAWOONTI YAAMI
• HOW MUCH WOULD YOU LIKE TO DRAW	UFUNA UKUKHIPHA MALINI	OOFOONA OOKOOKEEPAA MAALEENEE
• I WANT R10	NGIFUNA U R10	NGEEFOONA OO R10
• I WANT TO CASH A CHEQUE	NGIFUNA UKUKHESHA ISHEKI	NGEEFOONA OOKOOKE´SHAA EESHE´KEE
• I WANT TO DRAW A CHEQUE	NGIFUNA UKUKHIPHA ISHEKI	NGEEFOONA OOKOOKEEPAA EESHE´KEE
• AUTO BANK	UMSHINI WE-AUTOBANK /	OOMSHEENEE WE´- AUTO´BANK / O´TO´BAANK
• CASH WITHDRAWAL	UKUKHIPA IMALI	OOKOOKEEPAA EEMAALI
• PIN NUMBER	INOMBOLO EYIMFIHLO	EENO´MBO´LO´ E´YEEMFEEHLO´
• STATEMENT	ISITATIMENDE	EESEETAITEEME´NDE´ / EESEETE´TEEMENDE´
• TRANSACTION	INYATHELO	INYAATE´LO´
• TRANSFER MONEY	UKWEDLULISELA IMALI	OOKWE´DLOOLEESE´LA EEMAALI

MONEY MATTERS	IZINDABA ZEMALI	EEZEENDAABA ZE´MAALI
CENT	ISENTI	EESE´NTI
2 CENTS OR -	AMASENTI AMABILI	AAMAASE´NTEE AAMAABEELEE
10 CENTS	AMASENTI ANGU 10	AAMMAASE´NTEE AANGOO 10
50 CENTS	OSHELENI ABAHLANU	O´SHE´LE´NEE AABAAHLAANOO
1 RAND / OR	ISHUMI	EESHOOMI
1 RAND	IRANDI	EERAANDI
10 RAND	AMARANDI AYI 10 / ANGU 10	AAMAARAANDI AAYI 10 / AANGOO / UNGOO 10
BANK NOTES	IMALI ENGAMAPHEPHA	EEMAALI E´NGAAMAAPE´PA
CHANGE	USHINTSHI	OOSHEENTSHEE
CHEAP (IT IS)	KUSHIBHILE	KOOSHEEBEELE´
CHEAP (TO BE)	UKUSHIBHA	OOKOOSHEEBA
COSTS (TO COST)	UKUBIZA	OOKOOBEEZA
COUNT	BALA	BAALAA
DEBT	ISIKWELETI	EESEEKWE´LE´TI
EXPENSIVE (IT IS)	KUYABIZA / KUDULILE	KOOYAABEEZA / KOODOOLEELE´
EXPENSIVE (TO BE)	UKUBIZA / UKUDULA	OOKOOBEEZA / OOKOODOOLA
FOREIGN	KWEZIZWE EZINYE	KWE´ZEEZWE´ E´ZEENYE´
GOLD COINS	IMALI EBOMVU	EEMAALI E´BO´MVOO
NOTES	IMALI ENGAMAPHEPHA	EEMAALI E´NGAAMAAPE´PPA
RECEIPT	IRISIDI	EEREESEEDEE
SALE	INDALI	INDAALEE
SILVER COINS	IMALI EMHLOPHE	EEMAALI E´MHLO´PE´

COUNTING	UKUBALA	OOKOOBAALA
ONE	KUNYE	KOONYE´
TWO	KUBILI	KOOBEELI
THREE	KUTHATHU	KOOTAATOO
FOUR	KUNE	KOONE´
FIVE	KUHLANU	KOOHLAANOO
SIX	ISITHUPHA	EESEETOOPA
SEVEN	ISIKHOMBISA	EESEEKO´MBEESA
EIGHT (MEANS - LEAVES TEN BY TWO)	ISISHIYAGALOMBILI	EESEESHEEYAAGAALO´MBEELEE
NINE (MEANS - LEAVES TEN BY ONE)	ISISHIYAGALOLUNYE	EESEESHEEYAGALO´LOONYE´
TEN	ISHUMI	EESHOOMI
ELEVEN (MEANS - TEN PLUS ONE)	YISHUMI NANYE	YEESHOOMI NAANYE´
TWELVE	YISHUMI NAMBILI	YEESHOOMI NAAMBEELEE
THIRTEEN	ISHUMI NANTATHU	EESHOOMEE NAANTAATOO
FOURTEEN	ISHUMI NANE	EESHOOMEE NAANE´
FIFTEEN	ISHUMI NESIHLANU	EESHOOMEE NE´SEEHLAANOO
SIXTEEN	ISHUMI NESITHUPHA	EESHOOMEE NE´SEETOOPA
SEVENTEEN	ISHUMI NESIKHOMBISA	EESHOOMEE NE´SEEKO´MBEESA
EIGHTEEN	ISHUMI NESISHIYAGALOMBILI	EESHOOMEE NE´SEESHEEYAAGAALO´MBEELEE
NINETEEN	ISHUMI NESISHIYAGALOLUNYE	EESHOOMEE NE´SEESHEEYAAGAALO´LOONYE´
TWENTY	AMASHUMI AMABILI	AAMAASHOOMEE AAMAABEELEE
THIRTY	AMASHUMI AMATHATHU	AAMAASHOOMEE AAMAATAATOO
FORTY	AMASHUMI AMANE	AAMAASHOOMEE AAMAANE´
FIFTY	AMASHUMI AMAHLANU	AAMAASHOOMEE AAMAAHLAANOO
SIXTY	AMASHUMI AYISITHUPHA	AAMAASHOOMEE AAYEESEETOOPA
SEVENTY	AMASHUMI AYISIKHOMBISA	AAMAASHOOMEE AAYEESEEKO´MBEESA
EIGHTY	AMASHUMI AYISISHIYAGALOMBILI	AAMAASHOOMEE AAYEESEESHEEYAAGAALO´-MBEELEE
NINETY	AMASHUMI AYISISHIYAGALOLUNYE	AAMAASHOOMEE AAYEESEESHEEYAAGAALO´-LOONYE´
HUNDRED	IKHULU	EEKOOLOO
TWO HUNDRED	AMAKHULU AMABILI	AAMAAKOOLOO AAMAABEELEE

POST OFFICE	EPOSINI	E´PO´SEENI
• WHERE IS THE P/OFFICE	LIKUPHI IPOSI	LEEKOOPI EEPO´SI
• POST / SEND TO. . .	THUMELA KU. . .	TOOME´LLA KOO . . .
• JOIN THE QUEUE	NGENA EMGQENI	NGE´NA E´MGQE´NI
• WHERE IS THE PHONE	LUKUPHI UCINGO	LOOKOOPI OOCEENGO´
• POST A LETTER	UKUPOSA INCWADI	OOKOOPO´SA INCWAADI
• BUY STAMPS	UKUTHENGA IZITEMBU	OOKOOTE´NGA EEZEETE´MBOO
• COUNTER	IKHAWUNTA	EEKAAWOONTA
• HOW MUCH IS THE POSTAGE TO . . .	KUBIZA MALINI UKUPOSELA E . . .	KOOBEEZA MAALEENI OOKOOPO´SE´LLA E´ . . .
• AIRMAIL	NGENDIZA	NGE´NDEEZA
• EXPRESS	NGE-EKSPRESI	NGE´- E´KSPRE´SEE
• INSURE (PARCEL / LETTER)	UKUPOSA NGESIQI-NISEKISO	OOKOOPO´SA NGE´SEEQEE-NEESE´KEESO´
• MAIL	POSA	PO´SAA
• REGISTERED (MAIL)	NGESIQINISEKO	NGE´SEEQEENEESE´KO´
• ADDRESS	IKHELI	EEKELLY (EEKE´LLI)
• APPLY FOR PHONE	UKUFAKA ISICELO SOKUFAKELWA UCINGO	OOKOOFAAKA EESEECE´LO´ SO´KOOFAAKE´LWA OOCEENGO´
• CHANGE ADDRESS	SHINTSHA IKHELI	SHEENTSHA EEKE´LLI
• COLLECT PARCEL	LANDA IPHASELA	LAANDA EEPAASE´LLA
• PARCEL	IPHASELA	EEPAASE´LLA
• PAY PHONE ACCOUNT	UKUKHOKHELA I-AKHAWUNTI YOCINGO	OOKOOKO´KE´LA EE-AAKAAWOONTI YO´CEENGO´
• THE PHONE IS OUT OF ORDER	UCINGO LUFILE	OOCEENGO´ LOOFEELE´
• SEND TELEGRAM	THUMELA ITHELEGRAMU	TOOME´LA EETE´LE´GRAAMOO
• TELEPHONE	UCINGO	OOCEENGO´
• TELEPHONE DIRECTORY	INCWADI YEZINAMBA ZOCINGO	EENCWAADI YE´ZEENAAMBA ZO´CEENGO´
• THE PARCEL IS FRAGILE	LELI PHASELA LINGEPHUKA	LE´LEE PAASE´LAA LEENGE´POOKA
• TRANSFER ACCOUNT	UKWEDLULISELA I AKHAWUNTI	OOKWE´DLOOLEESE´LA EE AAKAAWOONTI
• TRANSFER PHONE	UKWEDLULISELA ITHELEFONI / UCINGO	OOKWE´DLOOLEESE´LA EETE´LE´PHO´NEE / EETE´LE´FO´NI / OOCEENGO´

OFFICE / WORK	IHHOVISI / UMSEBENZI	EEHO´VEESI / OOMSE´BE´NZEE
• WHERE DO YOU WORK	USEBENZAPHI	OOSE´BE´NZAAPI
• I WORK AT / IN . . .	NGISEBENZA E . . .	NGEESE´BE´NZA E´. . .
FACTORY	EFEKTRI	E´FE´KTREE
GARDEN	ENGADINI	E´NGAADEENI
OFFICE	EHHOVISI	E´HO´VEESI
POST OFFICE	EPOSINI	E´PO´SEENI
STORE / SHOP	ESITOLO	E´SEETO´LO´
• WHAT WORK DO YOU DO	WENZA MSEBENZI MUNI / YINI UMSEBENZI OWUSEBENZAYO	WE´NZA MSE´BE´NZI MOONI / YEENI OOMSE´BE´NZI O´WOOSE´BE´NZAAYO´
• I AM A . . .	NGIYI. . . / NGINGU . . .	NGEEYEE. . . / NGEENGOO . . .
BUILDER	UMAKHI	OOMAAKI
COOK	UMPHEKI	OOMPE´KI
DRIVER	UMSHAYELI	OOMSHAAYE´LI
FARMER	UMLIMI	OOMLEEMI
INSPECTOR	UMHLOLI	OOMHLO´LI
MANAGER	UMPHATHI	OOMPAATEE
OWNER	UMNIKAZI	OOMNEEKAAZI
PARSON	UMFUNDISI	OOMFOONDEESI
TEACHER	UTHISHELA	OOTEESHE´LLA
• CALCULATOR	UMSHINI WOKUBALA	OOMSHEENI WO´KOOBAALA
• CALENDAR	IKHALENDA	EEKAALE´NDA
• COMPUTER	IKHOMPIYUTHA	EEKO´MPEEYOOTA
• DESK	IDESKI	EEDE´SKI
• DIARY	IDAYARI	EEDAAYAARI
• DIRECTORY	INCWADI YEZINAMBA ZOCINGO	INCWAADI YE´ZEENAAMBA ZO´CEENGO´
• FAN	IFENI	EEFE´NI
• FILE	IFAYILI	EEFAAYEELI
• FILING CABINET	IKHABETHE LAMAFAYILI	EEKAABE´TE´ LAAMAAFAAYEELEE
• NOTEBOOK	INOTHIBHUKU	EENO´TEEBOOKOO
• PEN	IPENI	EEPE´NI
• PENCIL	IPENSELA	EEPE´NSE´LA
• PRINTER	IPHRINTA	EEPREENTA
• RUBBER	IRABHA	EERAABA
• SECRETARY	UNOBHALA	OONO´BAALA
• SHARPENER	UMSHINI WOKULOLA IPENSELA / ISILOLIPENSELA	OOMSHEENI WO´KOOLO´LA EEPE´NSE´LA / EESEELO´LEEPE´NSE´LA
• STAPLER	ISITEPHULI	EESEETE´POOLI
• STATIONERY	OKOKUBHALA	O´KO´KOOBAALA
• STICKY TAPE	ITHEPHU-ENAMATHELAYO	EETE´POO-E´NAAMAATE´LAAYO´
• TELEPHONE	UCINGO	OOCEENGO´ (GAW)

EDUCATION	IMFUNDO	EEMFOONDO´
ABACUS	I-ABAKHUSI	EE-AABAAKOOSI
ABSENT (TO BE ABSENT)	-NGEKHO	-NGE´KO´
APPLICATION	ISICELO	EESEECE´LO´
BURSARY	UMKLOMELO WOKUSIZA UKUFUNDA / UMFUNDAZE	OOMKLO´ME´LO´ WO´KOOSEEZA OOKOOFOONDA / OOMFOONDAAZE´
CALCULATOR	UMSHINI WOKUBALA	OOMSHEENI WO´KOOBAALA
CALENDAR	IKHALENDA	EEKAALE´NDA
CAREER	INKAMBO	EENKAAMBO´
CERTIFICATE	ISITIFIKETI	EESEETEEFEEKE´TI
CLASS	IKILASI / IKLASI	EEKEELAASI / EEKLAASI
CLASS - TOP OF THE CLASS	INHLOKO YEKILASI	EENHLO´KO´ YE´KEELAASI
CLASSROOM / CLASSROOM	IKAMELO LOKUFUNDELA / IKAMELO LESIKOLE	EEKAAME´LO´ LO´KOOFOONDE´LA / EEKAAME´LO´ LE´SEEKO´LE´
CLEVER	HLAKANIPHILE	HLAAKAANEEPEELE´
COMPUTER	IKHOMPIYUTHA	EEKO´MPEEYOOTA
COUNT	BALA	BAALA
CRAYONS	AMAKHRAYONI	AAMAAKRAAYO´NI
DESK	IDESKI	EEDE´SKI
DIARY	IDAYARI	EEDAAYAARI
DICTIONARY	ISICHAZIMAZWI	EESEECAAZEEMAAZWEE
DISCIPLINE	IMPATHO EQINILEYO / UMTHETHO	EEMPAATO´ E´QEENEELE´YO´ / OOMTE´TO´
EDUCATION	IMFUNDO	EEMFOONDO´
EDUCATIONAL	OKUFUNDA	O´KOOFOONDA
EDUCATOR	UMFUNDISI / UTHISHA	OOMFOONDEESI / OOTEESHA
ENTHUSIASM	UMDLANDLA	OOMDLAANDLAA
ERASER	IRABHA	EERAABA
EXAM	ISIVIVINYO / UKUHLOLWA / IZAMANESHENI	EESEEVEEVEENYO´ / OOKOOHLO´LWA / EEZAAMAANE´SHE´NI
EXAM PAPER	IPHEPHA LEZAMANESHENI / IPHEPHA LOKUHLOLWA	EEPE´PAA LE´ZAAMAANE´SHE´NEE / EEPE´PAA LO´KOOHLO´LWA
EXAM RESULTS	IMIPHUMELA YOKUHLOLWA	EEMEEPOOME´LA YO´KOOHLO´LWA
EXERCISE BOOK	INCWADI YOKUBHALA	EENCWAADI YO´KOOBAALA
EXPEL	XOSHA ESIKOLENI	XO´SHAA E´SEEKO´LE´NI
EXPLAIN	UKUCHAZA	OOKOO-CAAZA
FAIL (EXAMS)	FEYILA / UKUNGAPHUMELELI	FE´YEELA / OOKOONGAAPOOME´LE´LEE
FILE	IFAYILI	EEFAAYEELI
HALL	IHHOLO	EEHO´LO´
HEADBOY / HEADGIRL	INGQWELE YESIKOLE	EENGQWE´LE´ YE´SEEKO´LE´
HOLIDAY	IHOLIDE	EEHO´LEEDE´ (DAY)
HOMEWORK	UMSEBENZI WASEKHAYA	OOMSE´BE´NZI WAASE´KAAYA
KNOWLEDGEABLE	ISAZI	EESAAZI
LEARNING	UKUFUNDA	OOKOOFOONDA
LECTURE	ISIFUNDO	EESEEFOONDO´
LECTURER	UMFUNDISI / UMQEQESHI	OOMFOONDEESI / OOMQE´QE´SHI
LEFTHANDED	INXELE	EENXE´LE´

LESSON	ISIFUNDO	EESEEFOONDO´
MEETING	UMHLANGANO	OOMHLAANGAANO´
MR. - MISTER	UMNUMZANE	OOMNOOMZAANE´
MRS.	UNKOSIKAZI	OONKO´SEEKAAZI
NOTEBOOK	INOTHIBHUKU	EENO´TEEBOOKOO
PAPER	IPHEPHA	EEPE´PA
PARENT	UMZALI	OOMZAALI
PASS (EXAMS)	UKUPHASA	OOKOOPAASA
PAY ATTENTION	UKUNAKA	OOKOO-NAAKA
PEN	IPENI	EEPE´NI
PENCIL	IPENSELA	EEPE´NSE´LA
PENCIL SHARPENER	ISILOLIPENSELA / UMSHINI WOKULOLA IPENSELA	EESEELO´LEEPE´NSE´LA / OOMSHEENI WO´KOOLO´LA EEPE´NSE´LA
PREFECT	UMPHATHI WABAFUNDI	OOMPAATI WAABAAFOONDI
PRIMARY SCHOOL	ISIKOLE SEZINGANE	EESEEKO´LE´ SE´ZEENGAANE´
PRINCIPAL (OF SCHOOL)	UTHISHOMKHULU / UTHISHANHLOKO	OOTEESHO´MKOOLOO / OOTEESHAANHLO´KO´
PRINTER	IPHRINTA	EEPREENTA
PROFESSOR	UMFUNDISI OMKHULU / UPROFESA	OOMFOONDEESI O´MKOOLOO / OOPRO´FE´SSA
PROGRAMME	IPROGRAMU	EEPRO´GRAAMOO
PROJECT	IPROJEKTHI	EEPRO´JEKTI
PUBLISH	SHICILELA	SHEECEELE´LA
QUESTION (N)	UMBUZO	OOMBOOZO´
QUESTION (V)	BUZA	BOOZA
RESPECT (V)	HLONIPHA	HLO´NEEPA
RULER	IRULA	EEROOLA
SCHOLAR	UMFUNDI	OOMFOONDI
SCHOLARSHIP	UMFUNDAZE	OOMFOONDAAZE´
SCHOOL	ISIKOLE	EESEEKO´LE´
SCHOOL BOARD	IKOMITI ELIPHETHE ISIKOLE	EEKO´MEETEE E´LEEPE´TE´ EESEEKO´LE
SCHOOLBOOK	INCWADI YASESIKOLENI	EENCWAADI YAASE´SEEKO´LE´NI
SCISSORS	ISIKELO	EESEEKE´LO´
SPORT	UMDLALO	OOMDLAALO´
STATIONERY	OKOKUBHALA	O´KO´KOOBAALA
STUDENT	ISITSHUDENI / UMFUNDI	EESEETSHOODE´NI / OOMFOONDI
STUDY (N) - OFFICE	ISITADI	EESEETAADI
STUDY (V)	UKUFUNDA	OOKOOFOONDA
SUBJECTS	IZIFUNDO	EEZEEFOONDO´
SUCCEED	PHUMELELA	POOME´LE´LA
TEACH (V)	FUNDISA	FOONDEESA
TEACH WELL	FUNDISA KAHLE	FOONDEESA KAAHLE´
TEACHER	UMFUNDISI / UTHISHA	OOMFOONDEESI / OOTEESHA
TEAM	ITHIMU	EETEEMOO
TECHNIKON	ITHEKHNIKHONI	EETE´KNEEKO´NI
TERM (SCHOOL TERM)	ITHEMU	EETE´MOO

TEST (N)	UKUHLOLWA / ISIVIVINYO	OOKOOHLO´LWA / EESEEVEEVEENYO´
TEXT BOOK	INCWADI YOKUFUNDA	EENCWAADI YO´KOOFOONDA
TRAIN (V) (SCH. / GYM)	FUNDISA / QEQESHA	FOONDEESA / QE´QE´SHA
TRAINER / COACH	UMQEQESHI	OOMQE´QE´SHI
TRAINING	UKUFUNDISA / UKUQEQESHA	OOKOOFOONDEESA / OOKOOQE´QE´SHA
TRAINING COLLEGE	IKHOLIJI LOTHISHA	EEKO´LEEJEE LO´TEESHA
TYPE (V)	UKUTHAYIPHA	OOKOOTAAYEEPA
TYPEWRITER	UMSHINI WOKUTHAYIPHA	OOMSHEENI WO´KOOTAAYEEPA
UNIFORM	INYUFOMU	EENYOOFO´MOO
UNIVERSITY	IYUNIVESITHI / INYUVESI	EEYOONEEVE´SEETI / EENYOOVE´SI
WEEK	ISONTO	EESO´NTO´
WEEKEND	IMPELASONTO	EEMPE´LAASO´NTO´
WRITE	BHALA	BAALA
WRITING (N)	UMBHALO	OOMBAALO´
WRITING (V)	UKUBHALA	OOKOOBAALA

- DO YOU KNOW HOW TO USE A COMPUTER ? — UYAKWAZI UKUSEBENZISA IKHOMPIYUTHA ? — OOYAAKWAAZI OOKOOSE´BE´NZEESA EEKO´MPEEYOOTA ?
- TEACH ONE ANOTHER — FUNDISANA — FOONDEESAANA
- WHY ARE YOU STUDYING ? — UFUNDELANI — OOFOONDE´LAANI
- I LIKE TO LEARN / READ — NGITHANDA UKUFUNDA — NGEETAANDA OOKOOFOONDA
- I AM READING / LEARNING — NGIYAFUNDA — NGEEYAAFOONDA
- THEY ARE STUDYING — BAYAFUNDA — BAAYAAFOONDA
- MARK IS LEARNING FOR AN EXAM — UMARK , UFUNDELA ISIVIVINYO — OOMARK, OOFOONDE´LAA EESEEVEEVEENYO´
- THEY ARE AT SCHOOL — BAYAFUNDA — BAAYAAFOONDA
- WHAT SCHOOL DO YOU GO TO ? — UFUNDAPHI ? — OOFOONDAAPI ?
- I GO TO WYKEHAM SCHOOL — NGIFUNDA eWYKEHAM — NGEEFOONDA e´ WYKEHAM
- READ THE LETTER — FUNDA INCWADI — FOONDA EENCWAADI
- THE TEACHER TEACHES THE CHILDREN — UMFUNDISI UFUNDISA ABANTWANA — OOMFOONDEESI OOFOONDEESA AABAANTWAANA
- THE CHILDREN GO TO SCHOOL / ARE GOING TO SCHOOL — ABANTWANA BAYA ESIKOLENI — AABAANTWAANA BAAYAA E´SEEKO´LE´NI
- THEY ARE WRITING EXAMS — BABHALA UKUHLOLWA — BAABAALA OOKOOHLO´LWA
- I AM STILL STUDYING — NGISAFUNDA — NGEESAAFOONDA
- I AM STUDYING ZULU — NGIFUNDA ISIZULU — NGEEFOONDA EESEEZOOLOO
- WE ARE LEARNING ENGLISH — SIFUNDA ISINGISI — SEEFOONDA EESEENGEESI
- ARE YOU STUDYING ? — UYAFUNDA ? — OOYAAFOONDA ?
- THEY ARE SPEAKING ZULU — BAKHULUMA ISIZULU — BAAKOOLOOMA EESEEZOOLOO
- WELL DONE ! — KUHLE ! — KOOHLE´ !
- ENGLISH IS EASY — ISINGISI SILULA — EESEENGEESI SEELOOLA
- ZULU IS DIFFICULT — ISIZULU SINZIMA — EESEEZOOLOO SEENZEEMA
- BY YOURSELF — NGOKWAKHO — NGO´KWAAKO´
- IT DOES NOT MATTER — AKUNALUTHO — AAKOONAALOOTO´

MEDICAL	MAYELANA NEMITHI	MAAYE´LAANAA NE´MEETI
• I WANT TO SEE THE DOCTOR / THE DENTIST	NGIFUNA UKUBONA UDOKOTELA / UDOKOTELA WAMAZINYO	NGEEFOONA OOKOOBO´NA OODO´KO´TE´LLA / OODO´KO´TE´LLA WAAMAAZEENYO´
• WHAT IS THE MATTER	YINI NA	YEENEE NAA
• I HAVE TOOTHACHE	NGIPHETHWE YIZINYO	NGEEPE´TWE´ YEEZEENYO´
• MY TOOTH IS BROKEN	IZINYO LAMI LIPHUKILE	EEZEENYO´ LAAMEE LEEPOOKEELE´
• MY TOOTH IS ROTTEN	IZINYO LAMI LIBOLILE	EEZEENYO´ LAAMEE LEEBO´LEELE´ (EEBALL)
• TAKE TOOTH OUT	KHIPHA IZINYO	KEEPA EEZEENYO´ (YAW)
• DENTURES	AMAZINYO AFAKWAYO	AAMAAZEENYO´ AAFAAKWAAYO´
• I NEED GLASSES	NGIDINGA IZIBUKO	NGEEDEENGAA EEZEEBOOKO´
• I WANT MY EYES TESTED	NGIFUNA UKUHLOLWA AMEHLO AMI	NGEEFOONA OOKOOHLO´LWAA AAME´HLO´ AAMI
• I AM SICK	NGIYAGULA	NGEEYAAGOOLA
• I AM INJURED	NGILIMELE	NGEELEEME´LE´
• ARE YOU HURT	ULIMELE YINI	OOLEEME´LE´ YEENEE
• WHERE DOES IT HURT	KUBUHLUNGU KUPHI	KOOBOOHLOONGOO KOOPI
• I AM BLEEDING	NGIYOPHA	NGEEYAWPA / NGEEYO´PA
• I HAVE A HEADACHE	NGIPHETHWE YIKHANDA	NGEEPE´TWE´ YEEKAANDA
• I HAVE A SORE THROAT	NGIPHETHWE UMPHIMBO	NGEEPE´TWE´ OOMPEEMBO´
• I HAVE A TEMPERATURE	NGIPHETHWE UKUSHISA	NGEEPE´TWE´ OOKOOSHEESA
• I HAVE . . .	NGIPHETHWE. . .	NGEEPE´TWE´ . . .
CHEST TROUBLE	YISIFUBA	YEESEEFOOBA
COLD / FEVER	UMKHUHLANE	OOMKOOHLAANE´
EARACHE	YINDLEBE	YINDLE´BE´ / YEENDLE´BE´
DYSENTRY	ISISU SEGAZI	EESEESOO SE´GAAZI
HEARTBURN	ISILUNGULELA	EESEELOONGOOLE´LA
INDIGESTION	UKUQUMBA	OOKOOQOOMBAA
SPRAINED	ISENYELO	EESE´NYE´LO´
STOMACH ACHE	YISISU	YEESEESOO
WOUND	INXEBA	INXE´BA / EENXE´BA
• I HAVE BEEN STUNG . . .	NGITINYELWE . . .	NGEETEENYE´LLWE´ . . .
BY A - BEE	INYOSI	INYAWSEE / EENYO´SI
- INSECT	ISINAMBUZANE	EESEENAAMBOOZAANE´
- BLUEBOTTLE	IMIVI	EEMEEVEE
• I HAVE BEEN BITTEN . . .	NGILUNYWE. . .	NGEELOONYWE´ . . .
BY A - DOG	INJA	EENJA
- SNAKE	INYOKA	EENYO´KA
- CAT	IKATI	EEKAATI
• I NEED STITCHES	NGIDINGA UKUTHUNGWA	NGEEDEENGA OOKOOTOONGWA
• I HAVE BEEN SCRATCHED	NGIKLWEJIWE	NGEEKLWE´JEEWE´

• I HAVE BROKEN ...	NGEPHUKE ...	NGE´POOKE´ ...
ARM	INGALO	INGAALO´ / EENGAALO´
LEG	UMLENZE	OOMLE´NZE´
NOSE	IKHALA	EEKAALA
FINGER	UMUNWE	OOMOONWE´
NAIL	UZIPHO	OOZEEPO´ (PAW)
BONE	ITHAMBO	EETAAMBO´
• PUT PLASTER OF PARIS ON	FAKA UKHONKOLO	FAAKA OOKO´NKO´LO´
• I HAVE DIARRHOEA	NGIPHETHWE YISIHUDO / YISIFO SOHUDO	NGEEPE´TWE´ YEESEEHOODO´ / YEESEEFO´ SO´HOODO´
• I AM CONSTIPATED	NGIQUMBILE	NGEEQOOMBEELE´
• I HAVE CHEST PROBLEMS	NGIPHETHWE YISIFUBA	NGEEPE´TWE´ YEESEEFOOBA
• I AM COUGHING	NGIYAKHWEHLELA	NGEEYA-KWE´HLE´LA
• I FEEL NAUSEOUS	NGINESICANUCANU	NGEENE´SSEECAANOOCAANOO
• I AM VOMITTING	NGIYAHLANZA	NGEEYAAHLAANZA
• I AM BLEEDING	NGIYOPHA	NGEEYAWPA / NGEEYO´PA
• I AM LIMPING	NGIYAQHUGA	NGEEYAAQOOGA
• I FEEL WEAK	ANGINAMANDLA	AANGEENAAMAANDLA
• I CAN´T BREATHE	ANGIKWAZI UKUPHEFUMULA	AANGEEKWAAZI OOKOOPE´FOOMOOLA
• I CAN´T SLEEP	ANGIKWAZI UKULALA	AANGEEKWAAZI OOKOOLAALA
• I AM DEAF	ANGIZWA	AANGEEZWA
• STAY IN BED	HLALA EMBHEDENI	HLAALA E´MBE´DE´NI
• WHAT IS THE MATTER	YINI NDABA	YEENI NDAABA
• WHERE IS THE ...	IKUPHI I ...	EEKOOPEE EE...
• WHAT IS THE TIME	SIKHATHI SINI	SEEKAATEE SEENEE
• THE TIME IS ...10	ISIKHATHI NGU ...10	EESEEKAATEE NGOO ...10
• MAY I HAVE ... PILLS	NGICELA ...AMAPHILISI	NGEECE´LLA AAMAAPEELEESEE
- MEDICINE	-UMUTHI	-OOMOOTI
- BANDAGE	-IBHANDISHI / INDWANGU YOKUBOPHA INXEBA	-EEBAANDEESHI / EENDWAANGOO YO´KOOBO´PPA EENXE´BAA
• DO YOU HAVE ANY ALLERGIES	UNAYO I-ALEJI	OONAAYO´ EE- AALE´JEE
• TAKE THIS MEDICINE	PHUZA LO MUTHI	POOZA LO´ MOOTI
• BEFORE MEALS	NGAPHAMBILI / NGAPHAMBI KOKUDLA	NGAAPAAMBEELEE / NGAAPAAMBI KO´KOODLA
• AFTER MEALS	EMUVA KOKUDLA	E´MOOVA KO´KOODLAA
• GO TO CASUALTY DEPARTMENT	YIYA KUMNYANGO WABALIMELE	YEEYA KOOMNYAANGO´ WAABAALEEME´LE´
• OUT PATIENTS WARD	EGUMBINI LABAGULELA NGAPHANDLE	E´GOOMBEENEE LAABAA-GOOLE´LAA NGAAPAANDLE´
• HOW IS THE PATIENT TODAY	SINJANI ISIGULI NAMUHLA / NAMHLANJE	SEENJAANI EESEEGOOLI NAAMOOHLA / NAAMHLAANJE´
• THE NURSE IS GIVING THE PATIENTS MEDICINE	UNESI UPHA IZIGULI UMUTHI	OONE´SI OOPAA EEZEEGOOLI OOMOOTEE
• HOW IS HE / SHE WALKING TODAY	UHAMBA KANJANI NAMUHLE / NAMHLANJE	OOHAAMBAA KAANJAANI NAAMOOHLAA / NAAMHLAANJE´

- HE / SHE SPEAKS WITH   UKHULUMA KALUKHUNI   OOKOOLOOMAA KAALOOKOONI
  DIFFICULTY BECAUSE SHE /   NGOBA UYAGULA   NGO´BAA OOYAAGOOLA
  HE IS ILL
- SHE WALKS WITH DIFFICULTY   UHAMBA KALUKHUNI   OOHAAMBAA KAALOOKOONI
- TO BE COLD   UKUGODOLA   OOKOO GO´DO´LLA
- TO BE HOT   -ZWA / PHETHWE UKUSHISA   -ZWAA / PE´TWE´ OOKOOSHEESA
- HOSPITAL   ISIBHEDLELA   EESEEBE´DLE´LLA
- GO TO HOSPITAL   HAMBA ESIBHEDLELA   HAAMBA E´SEEBE´DLE´LLA
- WHERE IS THE HOSPITAL   SIPHI ISIBHEDLELA   SEEPEE EESEEBE´DLE´LA
- WHAT KILLED HIM   UBULAWE YINI   OOBOOLAAWE´ YEENEE
- AN ACCIDENT   INGOZI   INGO´ZEE
- MURDER   UKUBULALA UMUNTU   OKOOBOOLAALA OOMOONTOO

MEDICAL COMMANDS	UMLAYEZA	OOMLAAYE´ZA
ANOINT (V)	GCOBA	GCO´BA
BED - MAKE THE BED	YENDLULA UMBHEDE	YE´NDLOOLA OOMBE´DE´
BEND	GOBA / KHOTHAMA	GO´BA / KO´TAAMA
BLINK	CWAYIZA	CWAAYEEZA
BLOW NOSE	FINYA	FEENYA
BOIL (V)	BILA	BEELA
BREATHE	PHEFUMULA	PE´FOOMOOLA
CHANGE SHEETS	SHINTSHA AMASHIDI	SHEENTSHAA AAMAA-SHEEDEE
CHEW	HLAFUNA	HLAAFOONA
CLOSE EYES	CIMEZA	CEEME´ZA
COUGH	KHWEHLELA	KWE´HLE´LA
DIRTY	NGCOLILE	NGCO´LEELE´
DISINFECT	HLANZISISA	HLAANZEESEESA
DRINK (V)	PHUZA	POOZA
EXAMINE THE PATIENT	POPOLA ISIGULI / HLOLA ISIGULI	PO´PO´LA EESEEGOOLEE / HLO´LA EESEEGOOLI
FEED THE PATIENT	FUNZA ISIGULI	FOONZA EESEEGOOLI
FINISH	QEDA	QE´DA
FINISH YOUR MUTI	QEDA UMUTHI	QE´DA OOMOOTI
HOW MANY TIMES	KANGAKI	KAANGAAKI
INJECT THE PATIENT	JOVA ISIGULI	JO´VAA EESEEGOOLI
KNEEL	GUQA	GOOQA
LICK	KHOTHA	KO´TTA
LOOK AT	BUKA	BOOKA
OPEN MOUTH	KHAMISA	KAAMEESA
QUIET - TO BE QUIET	UKUTHULA	OOKOOTOOLA
QUIET - SHH	THULA	TOOLA
REST (V)	PHUMULA	POOMOOLA
RETURN (COME BACK)	BUYA	BOOYA
RINSE MOUTH	XUBHA	XOOBA
SMOKE - DO NOT SMOKE	MUSA UKUBHEMA / UNGABHEMI	MOOSA OOKOOBE´MA / OONGAABE´MI
STAND - DO NOT	MUSA UKUSUKUMA / UNGASUKUMI	MOOSA OOKOOSOOKOOMA / OONGAASOOKOOMI
STAND UP	SUKUMA	SOOKOOMA
STARVE (V)	MUSA UKUDLA / UNGADLI	MOOSA OOKOODLA / OONGAADLI
STITCH (V)	THUNGA	TOONGA
SWALLOW	GWINYA	GWEENYA
TAKE OUT	KHIPHA	KEEPA
TAKE TO THEATRE	HAMBISA ETIYETHA	HAAMBEESA E´TEEYE´TA
THINK	CABANGA	CAABAANGA
UNDRESS	KHUMULA	KOOMOOLA
WAKE UP	VUKA	VOOKA
WASH	GEZA	GE´ZAA
WASH THE SHEETS	WASHA AMASHIDI	WAASHAA AAMAASHEEDEE
WRAP (V)	SONGA	SO´NGA

PARTS OF THE BODY	IZITHO ZOMZIMBA	EEZEETO´ ZO´MZEEMBA
ANKLE	IQAKALA	EEQAAKAALA
ARM	INGALO	EENGAALO´
ARM, FOREARM	UMKHONO	OOMKO´NO´
BACK - SMALL OF BACK	IQOLO	EEQO´LO´
BACK (OF PERSON)	UMHLANE	OOMHLAANE´
BILE	INYONGO	EENYO´NGO´
BLADDER	ISINYE	EESEENYE´
BODY	UMZIMBA	OOMZEEMBA
BRAIN	UBUCHOPHO	OOBOOCO´PO´
BUTTOCK	ISINQE	EESEENQE´
CHEEK	ISIHLATHI	EESEEHLAATEE
CHEST	ISIFUBA	EESEEFOOBA
CHIN	ISILEVU	EESEELE´VOO
EAR	INDLEBE	EENDLE´BE´
ELBOW	INDOLOLWANE	EENDO´LO´LWAANE´
EYE / EYES	ISO / AMEHLO	EESO´ / AAME´HLO´
EYEBROW	ISHIYA	EESHEEYA
EYELASH	UKHOPHE	OOKO´PE´
FACE	UBUSO	OOBOOSO´
FINGER - SMALL	UCIKICANE	OOCEEKEECAANE´
FINGER	UMUNWE	OOMOONWE´
FINGERNAIL	UZIPHO	OOZEEPO´
FOOT	UNYAWO	OONYAAWO´
FOREFINGER	UMKOMBA	OOMKO´MBA
FOREHEAD	IBUNZI	EEBOONZI
GALL BLADDER	INYONGO	EENYO´NGO´
GULLET	UMMINZO	OOMMEENZO´
HAIR	UNWELE / IZINWELE	OONWE´LE´ / EEZEENWE´LE´
HAND	ISANDLA	EESAANDLA
HEAD	IKHANDA	EEKAANDA
HEART	INHLIZIYO	EENHLEEZEEYO´
HEEL	ISITHENDE	EESEETE´NDE´
INTESTINE	ITHUMBU	EETOOMBOO
JAW	UMHLATHI	OOMHLAATEE
KIDNEY	INSO	EENSO´ (SAW)
KNEE	IDOLO	EEDO´LO´
LEG	UMLENZE	OOMLE´NZE´
LIP	UDEBE	OODE´BE´
LIVER	ISIBINDI	EESEEBEENDEE
LUNG	IPHAPHU	EEPAAPOO
MOUTH	UMLOMO	OOMLO´MO´
NECK	INTAMO	EENTAAMO´
NOSE , NOSTRIL	IKHALA	EEKAALA
NOSE	IMPUMULO / IKHALA	EEMPOOMOOLO´ / EEKAALA
RIB	UBAMBO	OOBAAMBO´
RIBS	IZIMBAMBO	EEZEEMBAAMBO´
SHIN BONE	UMBALA	OOMBAALAA

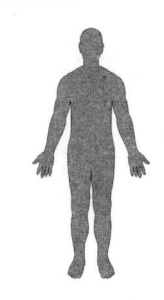

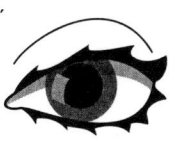

SHOULDER	IHLOMBE	EEHLO´MBE´
STOMACH	ISISU	EESEESOO
THIGH	ITHANGA	EETAANGA
THROAT	UMPHIMBO	OOMPEEMBO´
THUMB	ISITHUPHA	EESEETOOPA
TOE	UZWANE	OOZWAANE´
TONGUE	ULIMI	OOLEEMEE
TOOTH	IZINYO	EEZEENYO´
WAIST	UKHALO	OOKAALO´
WINDPIPE	UQHOQHOQHO	OOQO´QO´QO´
WRIST	ISIHLAKALA	EESEEHLAAKAALAA

USEFUL WORDS IN MEDICINE	AMAGAMA AVAMILE EMUTHINI	AAMAAGAAMAA AVAAMEELE´ E´MOOTEENI
ABSCESS	ITHUMBA	EETOOMBAA
ACCIDENT	INGOZI	EENGO´ZEE
AGE	UBUDALA	OOBOODAALA
AIDS (N) (ILLNESS)	INGCULAZI	EENGCOOLAAZI
AMPUTATE	UKUNQUMA	OOKOONQOOMA
ANNOINT	GCOBA	GCO´BA
ANUS	INGQUZA	EENGQOOZA
ASK	BUZA	BOOZA
BECOME THIN	ZACA	ZAACAA
BIRTH -GIVE	BELETHA	BE´LE´TTA
BLEED	OPHA	O´PAA
BLIND PERSON	IMPUMPUTHE	EEMPOOMPOOTE´
BODY	UMZIMBA	OOMZEEMBA
BOIL (N)	ITHUMBA	EETOOMBA
BOIL (V) - WATER	BILA (AMANZI)	BEELA AAMAANZEE
CARRY - ON BACK	BELETHA	BE´LE´TTA
CHEMIST	KHEMISI	KE´MEESEE
COLLAPSE	DILIKA	DEELEEKA
CONDOM	IJAZI LOMKHWENYANE	EEJAAZI LO´MKWE´NYAANE´
CORPSE	ISIDUMBU	EESEEDOOMBOO
CRY	KHALA	KAALA
DIFFICULT	LUKHUNI	LOOKOONI
DIFFICULTY -WITH	NZIMA	NZEEMA
DIRTY (V)	NGCOLISA	NGCO´LEESA
DIRTY	NGCOLILE	NGCO´LEELE´
DISEASE	ISIFO	EESEEFO´ (FO´-FOUR)
DISINFECT (V)	HLANZISISA	HLAANZEESEESA
DISINFECTANT	ISIHLANZISISI	EESEEHLAANZEESEESEE
DYSENTRY	ISISU SEGAZI	EESEESO´ SE´GAAZI
EXAMINE (V)	POPOLA / HLOLA	PO´PO´LA / HLO´LA
EXAMINE - TO BE EXAMINED	UKUPOPOLWA / UKUHLOLWA	OOKOOPO´PO´LWA / OOKOOHLO´LWA
FACE	UBUSO	OOBOOSO´
FAINT (V)	QULEKA	QOOLE´KA
FAINTING FIT	ISINXI	EESEENXI
FALL DOWN	DILIKA	DEELEEKA
FINISH	QEDA	QE´DA
GERM	IGCIWANE	EEGCEEWAANE´
GERMS	AMAGCIWANE OKUFA	AAMAAGCEEWAANE´ O´KOOFA
HUNGRY	LAMBILE	LAAMBEELE´
INCUBATE	FUKAMELA	FOOKAAME´LA
INCURABLE	NGENAKWELASHWA / NGELAPHEKI	NGE´NAAKWE´LAASHWA / NGE´LAAPE´KI
INNOCULATE	JOVA	JO´VA
INNOCULATION	UMJOVO	OOMJO´VO´
INDIGESTION	UKUQUMBA	OOKOOQOOMBA

English	Zulu	Pronunciation
INFECT	THELELA NGOKUFA	TE´LE´LA NGO´KOOFA
INFECTIOUS	THATHELWANAYO	TAATE´LWAANAAYO´
INFLAMED	OKUVUVUKELE	O´KOOVOOVOOKE´LE´
INJECTION	UMJOVO	OOMJO´VO´
LIMP	QHUGA	QOOGA
LOOSE	XEGA	XE´GA
MADMAN / WOMAN	UHLANYA	OOHLAANYA
MATERNITY WARD	IGUMBI LOKUBELETHELA	EEGOOMBEE LO´KOOBE´LE´TE´LLA
MEDICINE	UMUTHI	OOMOOTEE
MIDWIFE	UMBELETHISI	OOMBE´LE´TEESEE
MUCUS	AMAFINYILA	AAMAAFEENYEELA
MUMPS	UZAGIGA	OOZAAGEEGA
NURSE	UNESI	OONE´SEE
ONCE	KANYE	KAANYE´
PAIN	UBUHLUNGU	OOBOOHLOONGOO
PAINFUL	BUHLUNGU	BOOHLOONGOO
PERSPIRE (V)	JULUKA	JOOLOOKA
PLASTER OF PARIS	UKHONKOLO	OOKO´NKO´LO´
PLEURISY	AMAHLABA	AAMAAHLAABAA
POISON (SNAKE BITE)	ISIHLUNGU	EESEEHLOONGOO
POISON	UBUTHI	OOBOOTI
PRAY	THANDAZA	TAANDAAZA
PREGNANT	MITHIYO / NESISU / KHULELWE	MEETEEYO´ / NE´SEESO´ / KOOLE´LWE´
PRESCRIPTION	SITHAKO	SEETAAKO´
SADNESS	USIZI	OOSEEZEE
SHIVER	QHAQHAZELA	QAAQAAZE´LLA
SNAKE POISON	ISIHLUNGU SENYOKA	EESEEHLOONGOO SE´NYO´KA
STAB	GWAZA	GWAAZAA
START	QALA	QAALA
STITCH (V)	THUNGA	TOONGA
STITCH	UMTHUNGO	OOMTOONGO´
SUFFER	HLUPHEKA	HLOOPE´KKA
THEATRE	THIYETHA	TEEYE´TA
THREE TIMES	KATHATHU	KAATAATOO
TUMOUR	IQUBU	EEQOOBOO
TWICE	KABILI	KAABEELEE
URINATE	CHAMA	CAAMAA
URINE	UMCHAMO	OOMCAAMO´
VEIN	UMTHAMBO	OOMTAAMBO´
WARD	IGUMBI	EEGOOMBI
WARD - LABOUR	IGUMBI LOKUBELETHELA	EEGOOMBI LO´KOOBE´LE´TE´LA
WARM (V)	FUDUMEZA	FOODOOME´ZA
WARM (TEMP.)	FUDUMELE	FOODOOME´LE´
WET (V)	MANZISA	MAANZEESA
WORMS (INTESTINAL)	IZILO / IZIKELEMU	EEZEELO´ / EEZEEKE´LE´MOO
WOUND (V)	LIMAZA	LEEMAAZA
WOUND	INXEBA	EENXE´BA

EMERGENCIES	IZINGOZI	EEZEENGO´ZEE
• THERE HAS BEEN AN ACCIDENT	KUVELE INGOZI	KOOVE´LE´ EENGO´ZI
• I AM HURT	NGILIMELE	NGEELEEME´LE´
• ARE YOU HURT	ULIMELE NA	OOLEEME´LE´ NA
• HE IS SERIOUSLY HURT	ULIMELE KAKHULU	OOLEEME´LE´ KAAKOOLOO
• THIS PERSON IS INJURED	LO MUNTU ULIMELE	LO´ MOONTOO OOLEEME´LE´
• NO ONE IS SERIOUSLY HURT	ABEKHO ABALIMELE KAKHULU	AABE´KOO AABAALEEME´LE´ KAAKOOLOO
• DO NOT MOVE THE PERSON	NINGAMNYAKAZISI LO MUNTU	NEENGAAMNYAAKAAZEESEE LO´ MOONTOO
• IS ANYONE DEAD	UKHONA OSHONILE	OOKO´NA O´SHO´NEELE´
• CAN WE HELP	SINGASIZA NA	SEENGAASEEZA NAA
• CAN YOU HELP ME PLEASE	NGICELA UNGISIZE	NGEECE´LA OONGEESEEZE´
• PLEASE CALL A . . . DOCTOR AN AMBULANCE THE POLICE	NGICELA UBIZE . . . UDOKOTELA I-AMBULENSE AMAPHOYISA	NGEECE´LA OOBEEZE´ . . . OODO´KO´TE´LLA EE-AAMBOOLE´NSE´ AAMAAPO´YEESA
• COME AS SOON AS POSSIBLE	YIZA / WOZA LAPHA NGOKUSHESHA	YEE´ZA / WO´ZA LAAPAA NGO´KOOSHE´SHAA
• THIS IS AN EMERGENCY	LOKHU / LE YINGOZI	LO´KOO / LE´ YEENGO´ZEE
• REPORT AN ACCIDENT	NGIZOBIKA INGOZI	NGEEZO´BEEKA INGO´ZEE
• WHERE IS THE NEAREST. . . HOSPITAL GARAGE	IKUPHI I. . .ESEDUZE ISIBHEDLELA IGALAJI	EEKOOPI EE . . . E´SE´DOOZE´ EESEEBE´DLE´LA EEGAALAAJEE
• DO YOU HAVE A FIRST-AID KIT	UNAWO YINI UMGODLA WEZINTO ZOSIZO LOKUQALA	OONAAWO´ YEENEE OOMGO´DLAA WE´ZEENTO´ ZO´SEEZO´ LO´KOOQAALAA
• PLEASE CALL A BREAKDOWN SERVICE	NGICELA UNGIBIZELE IMOTO EZONGIDONSA	NGEECE´LA OONGEE-BEEZE´LE´ EEMO´TO´ E´ZO´NGEEDO´NSA
• I HAVE BEEN ROBBED OF MY MONEY AND CLOTHES	IMALI YAMI NEZINGUBO KWEBIWE NGAMASELA	EEMAALI YAAMI NE´ZEENGOOBOO KWE´BEEWE´ NGAAMAASE´LLA
• ROBBER	UMPHANGI	OOMPAANGEE
• THE HOUSE IS ON FIRE	INDLU IYASHA	EENDLOO EEYAASHA

EMERGENCY NUMBERS	IZINOMBOLO ZENGOZI	EEZEENO´MBO´LO´ ZE´NGO´ZEE	
• ACCIDENT TEL	: 10111	INGOZI	EENGO´ZEE
• POLICE	: 1022	AMAPHOYISA	AAMAAPO´YEESA
• CELL PHONE	: 112		
• EVERMED AMBULANCE SERVICE	0800311311	TOLL FREE	
NETCARE HOSPITALS &	082 911	TOLL FREE	
POISONS TRAUMA UNIT	082 911	TOLL FREE	

VIOLENCE / CRIME	ISIDLAKADLA / ICALA ELINZIMA	EESEEDLAKAADLA EECAALA E´LEENZEEMA
ACCIDENT	INGOZI	EENGO´ZI
ACT RECKLESSLY	NGOKUHLAMBALAZA	NGOKOOHLAAMBAALAAZA
ADMIT GUILT	VUMILE ICALA	VOOMEELE´ EECAALA
ADVISOR	NGUMELULEKI	NGOOME´LOOLE´KI
AIDS (N) - SICKNESS	INGCULAZI	EENGCOOLAAZI
ANNOY	HLUPHA / CASULA	HLOOPA / CAASOOLA
APPEAL (V) IN COURT	DLULISA	DLOOLEESA
ARREST (V)	BAMBA / BOSHA	BAAMBA / BO´SHA
ARRESTED	BOSHIWE	BO´SHEEWE´
ARRIVE - ARRIVE IN TIME	SIFIKE NGESIKHATHI	SEEFEEKE´ NGE´SEEKAATI
ASSEGAI / SPEAR	UMKHONTO	OOMKO´NTO´
AUTHORITY (N)	IZIKHULU	EEZEEKOOLOO
BATTER (V)	MBUNGQA / SHAYA	MBOONGQA / SHAAYA
BEAT (V) HIT HARD	SHAYA NGAMANDLA / HLUKUMEZA	SHAAYA NGAAMAANDLA / HLOOKOOME´ZA
BEAT UP	SHAYA / DOVADOVA	SHAAYA / DO´VAADO´VA
BLAME	JEZISA / SOLA	JE´ZEESA / SO´LA
BLAME (N)	UMSOLWA	OOMSO´LWA
BOMB (N)	IBHOMU	EEBO´MOO
BOMB (V) - TO BOMB	UKUBHOMBA	OOKOOBO´MBA
BRAVE - TO BE BRAVE	UNESIBINDI	OONE´SEEBEENDI
BREAK DOWN (HOUSE)	DILIZA	DEELEEZA
BURN (V)	SHISA	SHEESA
CARE (V)	NAKA	NAAKA
CATCH	BAMBA	BAAMBA
CATCH FIRE	OKHELEKA	O´KHE´LE´KA
CHARGE (V) - ACCUSE / BLAME	BEKA ICALA	BE´KA EECAALA
CHARGE (V) - FALSELY	PHOQA	PO´QA
CHARGE (V) - SUE	MANGALA	MAANGAALA
CHIEF	NKOSI / INKOSI	NKO´SI / EENKO´SI
COMMIT - A CRIME	LELESA / GEBENGA / UKULELESA	LE´LE´SA / GE´BE´NGAA / OOKOOLE´LE´SA
COMMIT - ADULTERY	PHINGA / UKUPHINGA	PEENGA / OOKOOPEENGA
COMMIT - HIGH TREASON	HLOLA	HLO´LA
COMMOTION	ISIDUMO	EESEEDOOMO´
CONFLICT (N)	UKUPHAMBANA	OOKOOPAAMBAANA
CONFLICT (V)	PHAMBANA	PAAMBAANA
CONFLICT (V) - WITH	PHAMBANA NA	PAAMBAANA NAA
CONFUSE	DIDA	DEEDA
CONSOLE	DUDUZA	DOODOOZA
CONTRACT - DISEASE (AIDS)	HABULA	HAABOOLA
CONTRACT (N)	ISIVUMELWANO	EESEEVOOME´LWAANO´
CONTRACT (V)	VUMELANA	VOOME´LAANA
CONTROL (V)	UKUZIBAMBA	OOKOOZEEBAAMBA
COVER - COVER UP (V)	MBOZA / GQIBA	MBO´ZA / GQEEBA
COWARD	IGWALA	EEGWAALA

English	Zulu	Pronunciation
CRIME	ICALA / UBUGEBENGU	EECAALA / OOBOOGE´BE´NGOO
CRIMINAL	ISIGEBENGU	EESEEGE´BE´NGOO
CROWD	ISIXUKU	EESEEXOOKOO
DAMAGE (V)	ONA / LIMAZA	O´NA / LEEMAAZA
DAMAGE (N)	UMONAKALO / UKULIMAZA	OOMO´NAAKAALO´ / OOKOOLEEMAAZA
DANGER	INGOZI	EENGO´ZI
DANGER - HIS LIFE IS IN	IMPILO YAKHE ISENGOZINI	EEMPEELO´ YAAKE´ EESE´NGO´ZEENI
DECEIVE	KHOHLISA	KO´HLEESA·
DEFEND	VIKELA	VEEKE´LA
DELIBERATE	NGAMABOMU	NGAAMAABO´MOO
DEMAND (N)	UKUDINGEKA	OOKOODEENGE´KA
DEMAND (V)	DINGA	DEENGA
DEMOLISH	DILIZA	DEELEEZA
DENY	PHIKA	PEEKA
DESTROY - PROPERTY	BULALA / CHITHA	BOOLAALA / CEETA
DESTROY - UTTERLY	SHABALALISA	SHAABAALAALEESA
DETECTIVE	UFOKISI	OOFO´KEESI
DETENTION -EG. TO BE IN JAIL	TOKA	TO´KA
DETENTION - PLACE OF	ISITOKISI	EESEETO´KEESI
DISAPPOINT (V)	DUMAZA	DOOMAAZA
DISPUTE	BANGA	BAANGA
EACH & EVERYONE	YILOWO NALAWO	YEELO´WO´ NAALAAWO´
ELECTION	UKHETHO	OOKE´TO´
EMPLOY (V) (USE / EMPLOY)	SEBENZISA / QASHA	SE´BE´NZEESA / QAASHA
END (V)	PHELA	PE´LA
ENEMY	ISITHA	EESEETA
ESCAPE	BALEKA	BAALE´KKA
ESCAPE - FROM CAPTURE	DLIBULA / EQA ETILONGWENI / DLUBULUNDELA	DLEEBOOLA / E´QAA E´TEELO´NGWE´NI / DLOOBOOLOONDE´LA
ESCAPE - FROM DANGER	SINDA ENGOZINI	SEENDA E´NGO´ZEENI
EVIDENCE - GIVE EVIDENCE	FAKAZA	FAAKAAZA
EVIDENCE (N) - WITNESS	UBUFAKAZI	OOBOOFAAKAAZI
EVIDENCE (N) - PROOF	ISIQINISEKO / UBUFAKAZI	EESEEQEENEESE´KO´ / OOBOOFAAKAAZI
EXAMPLE	ISIBONELO	EESEEBO´NE´LO´
EXAMPLE - BAD EXAMPLE	YISIBONELO ESIBI	YEESEEBO´NE´LO´ E´SEEBI
EXHUME	UMBULULA / UKUMBULULA	OOMBOOLOOLA / OOKOOMBOOLOOLA
EXPOSE	VEZA	VE´ZA
FACTION	ISIXEXELEGU	EESEEXE´XE´LE´GOO
FACTION FIGHT	UKULWA KWEZIGODI EZIMBILI EZALANAYO	OOKOOLWA KWE´ZEEGO´DI E´ZEEMBEELI E´ZAALAANAAYO´
FAMINE	INDLALA	EENDLAALA
FIGHT	UKULWA	OOKOOLWA
FIGHT - WITH ASSEGAIS (V)	HLABANA / GWAZANA	HLAABAANA / GWAAZAANA
FIGHT - WITH STICKS (V)	SHAYANA	SHAAYAANA

English	Zulu	Pronunciation
FIGHT (N)	UKULWA	OOKOOLWA
FIGHT SAVAGELY (V)	MAKLAZANA	MAAKLAAZAANA
FIGHT WAR (V)	ILWA IMPI	EELWA EEMPI
FINE (MONEY) (V)	KUHLAWULISA	KOOHLAAWOOLEESA
FLOCK / SWARM	BHUZA	BOOZA
FOLLOWERS	ABALANDELI	AABAALAANDE´LI
FREEDOM	INKULULEKO	EENKOOLOOLE´KO´
FRIGHTEN (V)	THUKA / THUSA	TOOKA / TOOSA
GANG	IQEMBU / IVIYO	EEQE´MBOO / EEVEEYO´
GANG - UP AGAINST (V)	VUKELANA	VOOKE´LAANA
GANG OF YOUTHS	INJISUTHI / INTSHA	EENJEESOOTI / EENTSHA
GANGSTER	ISIGEBENGU	EESEEGE´BE´NGOO
GANGSTERISM	UBUGEBENGU	OOBOOGE´BE´NGOO
GO (V)	HAMBA	HAAMBA
GO AWAY !!	SUKA	SOOKA
GOVERNMENT	UHULUMENI	OOHOOLOOME´NI
GUN	ISIBHAMU	EESEEBAAMOO
HANDCUFF (N)	UZANKOSI	OOZAANKO´SI
HANDCUFF (V)	FAKA UZANKOSI	FAAKA OOZAANKO´SI
HANG	LENGISA	LE´NGEESA
HELP	SIZA	SEEZA
HELP - THEM	BASIZE	BAASEEZE´
HELP ONE ANOTHER	SIZANA / SIZANANI	SEEZAANA / SEEZAANAANI
HELPER	UMSIZI	OOMSEEZI
HIDE	BHACA / CASHA	BAACA / CAASHA
HIDE (SOMETHING)	FIHLA	FEEHLA
HIJACK	UKUBAMBA INKUNZI	OOKOOBAAMBA EENKOONZI
HOLD RESPONSIBLE	KHALA NGA	KAALA NGAA
HOLD A MEETING	BAMBA UMHLANGANO	BAAMBA OOMHLAANGAANO´
HOLD AN ELECTION	ENZA UKHETHO	E´NZA OOKE´TO´
HOLD UP BANK	VIMBEZELA IBHANGE	VEEMBE´ZE´LA EEBAANGE´
HONEST / THEY ARE HONEST	QOTHO / BAQOTHO / BATHEMBEKILE	QO´TO´ / BAAQO´TO´ / BAATE´MBE´KEELE´
HONEST PEOPLE	ABAQOTHO	AABAAQO´TO´
HOSTAGE (V) - TAKE AS	THUMBA	TOOMBA
HOSTAGE (N)	UMTHUNJWA	OOMTOONJWA
HURT - GET HURT	LIMALA	LEEMAALA
HURT - MAKE SORE / DAMAGE	LIMAZA	LEEMAAZA
HURT (V)	LIMAZA	LEEMAAZA
IMMORAL PERSON	ISIFEBE	EESEEFE´BE´
INCIDENT	ISEHLAKALO	EESE´HLAAKAALO´
INFORM	AZISA	AAZEESA
INITIATE	SUNGULA	SOONGOOLA
INJURE	LIMAZA	LEEMAAZA
KILLERS	ABABULALI	AABAABOOLAALI
LAW / REGULATION / RULE	UMTHETHO	OOMTE´TO´
LAWYER	UMMELI	OOME´LI
LEGISLATE	SHAYA UMTHETHO	SHAAYA OOMTE´TO´
LIES	AMANGA	AAMAANGA ´

LIFE / HEALTH	IMPILO	EEMPEELO´
MAGISTRATE	IMANTSHI	EEMAANTSHI
MAGISTRATE COURT	INKANTOLO YEMANTSHI	EENKAANTO´LO´ YE´MAANTSHI
MARCH -ON THE MARCH	ENDLELENI	ENDLE´LE´NI
MARCH - FORCED MARCH	UKUHAMBISISA INDLELA ENDE	OOKOOHAAMBEESEESA EENDLE´LA E´NDE´
MARCH - PEACEFUL	UKUHAMBA UTHULILE / UTHULE	OOKOOHAAMBA OOTOOLEELE´ / OOTOOLE´
MATTER	UDABA	OODAABA
MATTER - DOES NOT MATTER	AKUNANDABA	AAKOONAANDAABA
MEET WITH (V)	HLANGANA NO	HLAANGAANA NO´
MEET WITH DEMANDS	ANELISA	AANE´LEESA
MEETING	UMHLANGANO	OOMHLAANGAANO´
MEETING	UKUHLANGANA	OOKOOHLAANGAANA
MEETING (V)	HLANGANA	HLAANGAANA
MEETING PLACE	ISIDLANGA / ISIDLANGALA	EESEEDLAANGA / EESEEDLAANGAALA
MEMBER	ILUNGU	EELOONGO
MOCK	BHUQA	BOOQA
MOLEST (V)	NUKUBEZA / HLUPHA	NOOKOOBE´ZA / HLOOPA
MURDER	BULALA UMUNTU	BOOLAALA OOMOONTOO
NATION	ISIZWE	EESEEZWE´
NEGOTIATE	VUMELANA	VOOME´LAANA
NERVOUS (TO BE)	BA NOVALO	BAA NO´VAALO
NUMBERS - IN LARGE NUMBERS	NGEZINQWABA	NGE´ZEENQWAABA
OUT - OF CONTROL (MIND)	NGAPHETHWE	NGAAPE´TWE´
PARDON - ASK FOR PARDON	SHWELEZA / SHWELEZISA	SHWE´LE´ZA / SHWE´LE´ZEESA
PAY FINE	HLAWULA	HLAAWOOLA
PEACE	UXOLO / LU-XOLO	OOXO´LO´ / LOO-XO´LO´
PEACE - BE AT PEACE	THULA	TOOLA
PEACE - BE AT PEACE WITH	HLALISANA NGOKUTHULA NA	HLAALEESAANA NGO´KOOTOOLA NAA
PEACE - KEEP THE PEACE	- GCINA UKUTHULA	- GCEENA OOKOOTOOLA
PEACE - MAKE PEACE	XOLISA	XO´LEESA
PEACE - PEACE OF MIND	UBUNHLIZIYOMHLOPHE	OOBOONHLEEZEE-YO´MHLO´PE´
PEACEFUL	THULILE / THULE	TOOLEELE´ / TOOLE´
PEACEFUL MARCH	UKUHAMBA UTHULILE / UTHULE	OOKOOHAAMBA OOTOOLEELE´ / OOTOOLE´
PEACEMAKER	UMTHULISAZWE / UMTHIWOXOLO	OOMTOOLEESAAZWE´ / OOMTEEWO´XO´LO´
PERJURY	ICALA LOKUFUNGELA AMANGA	EECAALA LO´KOOFOONGE´LA AAMAANGA
PERMISSION	IMVUME	EEMVOOME´
PETROL BOMB	IBHOMU KA PHETHROLI	EEBO´MOO KA PE´TRO´LI
PLAN / PLOT (V)	CEBA	CE´BAA
PLAN / PLOT	ICEBO	EECE´BO´

English	Zulu	Pronunciation
PLOT (N)	ISIGUNGU / UZUNGU	EESEEGOONGOO / OOZOONGOO
PLOT (V)	ENZA ISIGUNGU / UZUNGU	E´NZAA EESEEGOONGOO / OOZOONGOO
PREVENT	VIMBA	VEEMBA
PRISON	IJELE	EEJE´LE´ (EEJAIL)
PRISONER	ISIBOSHWA	EESEEBO´SHWA
PRISONERS	IZIBOSHWA	EEZEEBO´SHWA
PROBLEMS	IZINKINGA	EEZEENKEENGA
PROSECUTOR	UMSHUSHISI	OOMSHOOSHEESI
PROTEST (V)	UKUBHIKISHA	OOKOOBEEKEESHA
PROTEST MARCH	NQABA / HAMBA EZWINI LOKUNQABA	NQAABAA / HAAMBA E´ZWEENI LO´KOONQAABA
PROTESTORS	ABABHIKISHI	AABAABEEKEESHI
PUNISH	SHAYA / JEZISA	SHAAYA / JE´ZEESA
PUNISH THE ENEMY	SHAYA ISITHA	SHAAYA EESEETA
QUESTION (N)	UMBUZO	OOMBOOZO´
QUESTION (V)	BUZA	BOOZA
QUICKLY - GO QUICKLY	NGOKUSHESHA	NGO´KOOSHE´SHA
QUICKLY (HURRY)	MASINYA	MAASEENYA
RAGE (N)	ULAKA OLUKHULU	OOLAAKAA O´LOOKOOLOO
RAGE (V)	DLANGA	DLAANGA
RAMPAGE (V)	DLOVUNGA	DLO´VOONGA
RAMPAGE (N)	UKUDLOVUNGA	OOKOODLO´VOONGA
RAPE (N)	UKUDLWENGULA	OOKOODLWENGOOLA
RAPE (V)	DLWENGULA	DLWE´NGOOLA
REFUSE (V)	UKWALA	OOKWAALA
REFUSE (V)	ALA	AALA
RELATIVES	IZIHLOBO	EEZEEHLO´BO´
REQUEST	ISICELO	EESEECE´LO´
REVOLVER	IVOLOVOLO	EEVO´LO´VO´LO´
REWARD (V)	KLOMELA / VUZA	KLO´ME´LA / VOOZA
REWARD (N)	UMVUZO	OOMVOOZO´
RIOT - RUN RIOT	BANGA ISIDUMO	BAANGA EESEEDOOMO´
RIOT (N)	ISIDUMO	EESEEDOOMO´
RIOT (V)	BANGA ISIDUMO	BAANGA EESEEDOOMO´
RIOTER	UMSUSI WESIDUMO	OOMSOOSI WE´SEEDOOMO´
RIOTER	UMBANGI	OOMBAANGI
RITUAL	ISIMO SENKONZO	EESEEMO´ SE´NKO´NZO´
ROB (V) (A BANK)	UKUPHANGA IBHANGE	OOKOOPAANGA EEBAANGE´
ROBBER	UMPHANGI	OOMPAANGI
ROBBERY	UKWEBA	OOKWE´BA
RULE - BREAK A RULE	APHULA UMTHETHO	AAPOOLA OOMTE´TO´
RULE (LAW & ORDER)	UMTHETHO	OOMTE´TO´
RULE (V)	PHATHA	PAATA
RULER	INKOSI / UMBUSI	EENKO´SI / OOMBOOSI
RULES & REGULATIONS	IMITHETHO NEZIMISO	EEMEETE´TO´ NE´ZEEMEESO´
RUN	GIJIMA	GEEJEEMA
RUN AWAY	BALEKA	BAALE´KA
RUN AWAY FROM JAIL	EQA ETILONGWENI / EJELE	E´QAA E´TEELO´NGWE´NI / E´JE´LE´

English	Zulu	Pronunciation
RURAL AREAS	EMAPHANDLENI	E´MAAPAANDLE´NI
SAVAGERY	UBULWANE	OOBOOLWAANE´
SET ALIGHT	OKHELEKA	O´KHE´LE´KA
SHIELD	ISIHLANGU	EESEEHLAANGOO
SHOOT (V)	DUBULA	DOOBOOLA
SHOT - BE SHOT	DUTSHULWA	DOOTSHOOLWA
SOLDIER	ISOSHA	EESO´SHA
SOLUTION	ISIXAZULULO	EESEEXAAZOOLOOLO´
SPEAR	UMKHONTO	OOMKO´NTO´
STAB (V)	GWAZA	GWAAZA
STAMPEDE	DUMA	DOOMA
STATEMENT	ISITETIMENDE	EESEETE´TEEME´NDE´
STICK (N)	UTHI / INDUKU	OOTI / EENDOOKOO
STONE - THROW A STONE	PHONSA	PO´NSA
STONING	SHAYA NGAMATSHE	SHAAYA NGAAMAATSHE´
STRENGTH	AMANDLA	AAMAANDLAA
STRIKE - GO ON STRIKE	DUBA UMSEBENZI / TELEKA	DOOBA OOMSE´BE´NZI / TE´LE´KAA
STRIKE AGAINST WORK	NGQUBUZA / STRAYIKA	NGQOOBOOZA / STRAAYEEKA
STRIKE (N)	ISITELEKA	EESEETE´LE´KA
SUE (V)	UKUMANGALELA	OOKOOMAANGAALE´LA
TAKE AWAY	SUSA	SOOSA
TEASE	SUKELA / HLUPHA	SOOKE´LA / HLOOPA
THIEF	ISELA	EESE´LA
THIEVING	UBUSELA	OOBOOSE´LA
THROW (V)	PHOSA	PO´SA
TIE UP	BOPHA	BO´PA
TRACK (N)	UNYAWO	OONYAAWO´ (WO´-WAR)
TRACK DOWN / FOLLOW	HLONZA / LANDELA	HLO´NZAA / LAANDE´LLA
TRADE UNION	INYUNYANA YABASEBENZI	EENYOONYAANAA YAABAASE´BE´NZI
TRADITION	IMVELO / ISIKO	EEMVE´LO´ / EESEEKO´
TRADITION	INDABA ETHATHWE KOKHOKHO	EENDAABA E´TAATWE´ KO´KO´KO´
TRADITIONAL	PHATHELENE NESIKO LEMVELO	PAATE´LE´NE´ NE´SEEKO´ LE´MVE´LO´
TRAGEDY	UMSHOPI / ITHRAJEDI	OOMSHO´PI / EETRAAJE´DI
TRAGIC	SABEKAYO NGOSIZI	SAABE´KAAYO´ NGO´SEEZI
TRAIN OF EVENTS	UKULANDELANA KWEZEHLAKALO	OOKOOLAANDE´LAANA KWE´ZE´HLAAKAALO´
TRAITOR	IXOKI / IMBUKA	EEXO´KI / EEMBOOKA
TRAP (V)	BAMBA NGECEBO	BAAMBA NGE´CE´BO´
TRAP - POLICE TRAP (N)	UMCUPHI	OOMCOOPI
TREATY	HLANGANO	HLAANGAANO´
TRIAL (N)	ICALA	EECAALA
TRIBAL	ISIZWE	EE´SEEZWE´
TRIBAL - NAME	ISIBONGO	EESEEBO´NGO´
TRIBE	UHLOBO	OOHLO´BO´
TROUBLE - CAUSE TROUBLE	BANGA AMACALA	BAANGA AAMAACAALA

English	Zulu	Pronunciation
TROUBLE (N)	INHLUPHEKO	EENHLOOPE´KO´
TRUTH	IQINISO	EEQEENEESO´
TRUTH - IT IS THE TRUTH	YIQINISO	YEEQEENEESO´
TRUTH - THEY SPEAK...	BAQINISILE	BAAQEENEESEELE´
TRUTH - SPEAK THE TRUTH	KHULUMA IQINISO	KOOLOOMA EEQEENEESO´
TRY - TRY A CASE	LITHETHE ICALA	LEETE´TE´ EECAALA
UNCOVER	UMSHOSHAPHANSI	OOMSHO´SHAAPAANSI
UNDER DISCUSSION	SAXOXWAYO	SAAXO´XWAAYO´
UNDER ORDERS	PHANSI KWEMIYALO	PAANSI KWE´MEEYAALO´
UNDERCOVER	NGOKUCASHA OKUFIHLIWE	NGO´KOOCAASHAA O´KOOFEEHLEEWE´
UNDER OATH	FUNGILE	FOONGEELE´
VERDICT	ISIGWEBO	EESEEGWE´BO´
VICTIM	UMHLUKUNYEZWA	OOMHLOOKOONYE´ZWA
VIOLENCE	UDLAME	OODLAAME´
VIOLENT	NAMANDLA / NDLAKADLA	NAAMAANDLA / NDLAAKAADLA
VIOLENTLY	NGAMANDLA / NGENDLAKADLA / NGOBUDLOVA	NGAAMAANDLA / NGE´NDLAAKAADLA / NGO´BOODLO´VA
WALK UNARMED	BHUNGCAZELA	BOONGCAAZE´LA
WAR	IMPI	EEMPI
WARN (V)	XWAYISA / VUSA	XWAAYEESA / VOOSA
WARNING	ISIXWAYISO	EESEEXWAAYEESO´
WARSHIELD	ISIHLANGU	EESEEHLAANGOO
WELFARE	INHLALAKAHLE	EENHLAALAAKAAHLE´
WITNESS (V)	FAKAZA	FAAKAAZA
WITNESS (N)	UBUFAKAZI	OOBOOFAAKAAZI
WORRY / TEASE / ANNOY	HLUPHA / DINA	HLOOPA / DEENA

- SHE WAS RAPED TWICE — BAMDLWENGULE KABILI / BAMDLWENGULA KABILI — BAAMDLWE´NGOOLE´ KAABEELI / BAAMDLWE´NGOOLA KAABEELI
- SHE HAS GOT AIDS — UNENGCULAZI / UPHETHWE YINGCULAZI — OONE´NGCOOLAAZI / OOPE´TWE´ YEENGCOOLAAZI
- IT IS ME WHO TOOK YOUR BOOKS — YIMI OTHATHE IZINCWADI ZAKHO — YEEMI O´TAATE´ EEZEENCWAADI ZAAKO´
- IT IS NOT ME WHO . . . — AKUMINA O . . . — AAKOOMEENA O´ . . .
- IT IS THEM WHO . . . — YIBONA ABA . . . — YEEBO´NA AABAA . . .
- CHARGED WITH BURGLARY — BEKWE ICALA LOKUGQEKEZA — BE´KWE´ EECAALA LO´KOOGQE´KE´ZA
- WHAT IS YOUR COMPLAINT — UMANGALELENI — OOMAANGAALE´LE´NI
- HE OWES ME MONEY — UNGIKWELETA IMALI — OONGEEKWE´LE´TAA EEMAALI
- YOU ARE TELLING LIES — UQAMBA AMANGA — OOQAAMBAA AAMAANGAA
- WHO KILLED THAT PERSON — UBANI OBULELE LOWO MUNTU — OOBAANI O´BOOLE´LE´ LO´WO´ MOONTOO
- FOLLOW THAT MAN — LANDELA LEYA NDODA — LAANDE´LA LE´YAA NDO´DA
- CALL THAT PERSON — BIZA / MEMEZA LOWA MUNTU — BEEZA / ME´ME´ZA LO´WA MOONTOO

• FETCH MY GUN	LANDA ISIBHAMU SAMI	LAANDAA EESEEBAAMOO SAAMI
• HAVE YOU EVER BEEN IN JAIL	WAKE WABOSHWA	WAAKE´ WAABO´SHWAA
• TRY A CASE	UKUQULWA ICALA / UKUTHETHWA KWECALA	OOKOOQOOLWA EECAALA / OOKOOTE´TWA KWE´CAALA
• THE MEN SHOT THEM	AMADODA ABADUBULILE	AAMAADO´DA AABAADOOBOOLEELE´
• THE MONEY IS STOLEN BY THIEVES	IMALI YEBIWA NGAMASELA	EEMAALI YE´BEEWAA NGAAMAASE´LA
• DO NOT FIGHT	MUSA UKULWA	MOOSA OOKOOLWA
• THE PERSON IS DEAD	UMUNTU USHONILE	OOMOONTOO OOSHO´NEELE´
• THE PEOPLE HAVE GONE	ABANTU BAHAMBILE	AABAANTOO BAAHAAMBEELE´
• THE HOUSE HAS BEEN BURNT DOWN	UMUZI USHISIWE	OOMOOZI OOSHEESEEWE´
• THE HOUSE IS BURNING	INDLU IYASHA	EENDLOO EEYAASHA
• THE PEOPLE RAN AWAY	ABANTU BABALEKILE	AABAANTOO BAABAALE´KEELE´
• THE THIEVES RAN AWAY	AMASELA ABALEKILE	AAMAASE´LAA AABAALE´KEELE´
• DO NOT FIGHT	MUSA UKULWA / UNGALWI	MOOSA OOKOOLWA / OONGAALWI
• TO GO TO WAR	HLASELA	HLAASE´LA
• TO RUSH OUT IN ANGER	DUMELA	DOOME´LA
• LAY A TRAP	CUPHA	COOPA
• TRY A CRIMINAL (V)	THETHA ICALA LESIGEBENGU	TE´TTA EECAALAA LE´SEEGE´BE´NGOO
• THIS PERSON IS WICKED	LO MUNTU MUBI	LO´ MOONTOO MOOBI
• HE TELLS LIES	UKHULUMA AMANGA / UQAMBA AMANGA	OOKOOLOOMA AAMAANGA / OOQAAMBA AAMAANGAA
• ACCUSE FALSELY	CEBA	CE´BA
• HOW MANY PEOPLE ARE THERE	ABANTU BANGAKI	AABAANTOO BAANGAAKI
• THERE ARE LOTS OF PEOPLE	BANINGI ABANTU	BAANEENGI AABAANTOO
• WHERE IS THE ...	UPHI ... / UKUPHI ...	OOPI ... / OOKOOPI ...
• AT MY HOUSE	KWAMI	KWAAMI
• AT YOUR HOUSE	KWAKHO	KWAAKO´
• AT OUR HOUSE	KWETHU	KWE´TOO
• IT IS NECESSARY TO GO	KUFANELE SIHAMBE	KOOFAANE´LE´ SEEHAAMBE´
• IT IS NOT NECESSARY TO GO	AKUFANELE SIHAMBE	AAKOOFAANE´LE´ SEEHAAMBE´
• THE SOLDIERS ARE DEAD	AMABUTHO ASHONILE / AMASOSHA ASHONILE	AAMAABOOTO´ AASHO´NEELE´ / AAMAASO´SHAA AASHO´NEELE´
• WHAT DID THEY HIT YOU WITH	BAKUSHAYE NGANI	BAAKOOSHAAYE´ NGAANI
• THE MAN HIT HIM WITH A STONE	INDODA IMSHAYE NGETSHE	EENDO´DA EEMSHAAYE´ NGE´TSHE´
• HIT WITH STICK	SHAYA NGENDUKU / GALELA	SHAAYA NGE´NDOOKOO / GAALE´LA
• I DID NOT HIT HIM	ANGIMSHAYANGA	AANGEEMSHAAYAANGA

• MONEY IS STOLEN BY THIEVES	IMALI YEBIWE NGAMASELA	EEMAALI YE'BEEWE' NGAAMAASE'LLA
• THEY HAVE RETURNED	ABANTU BABUYILE	AABAANTOO BAABOOYEELE'
• THEY WENT BY FOOT	BAHAMBE NGEZINYAWO	BAAHAAMBE' NGE'ZEENYAAWO'
• THEY WENT BY CAR	BAHAMBE NGEMOTO	BAAHAAMBE' NGE'MO'TO'
• THIS IS A HOLD UP	KUBANJWA INKUNZI	KOOBAANJWAA EENKOONZI
• I WANT MONEY	NGIFUNA IMALI	NGEEFOONA EEMAALI
• WAIT A BIT	IMA KANCANE / MANA KANCANE	EEMA KAANCAANE' / MAANAA KAANCAANE'
• BEHAVE RESPECTFULLY	UBOHLONIPHA	OOBO'HLO'NEEPA
• YOU ARE TELLING LIES	UQAMBA AMANGA / UKHULUMA AMANGA	OOQAAMBAA AAMAANGA / OOKOOLOOMA AAMAANGA
• IT IS THE TRUTH	YIQINISO	YEEQEENEESO'
• WHO KILLED THIS CHILD	UBANI OBULELE LO MNTWANA	OOBAANI O'BOOLE'LE' LO' MNTWAANA
• FOLLOW THAT MAN	LANDELA LEYA NDODA	LAANDE'LA LE'YAA NDO'DA
• CALL THAT PERSON	BIZA LOWA MUNTU	BEEZA LO'WAA MOONTOO
• FETCH MY GUN	LANDA ISIBHAMU SAMI	LAANDAA EESEEBAAMOO SAAMI
• WHAT TRIBE IS HE FROM	LO MUNTU ULUHLOBO LUNI	LO' MOONTOO OOLOOHLO'BO' LOONI
• THEY MARCHED TO TOWN	BABHIKISHELE EDOLOBHENI	BAABEEKEESHE'LE' E'DO'LO'BE'NI
• THEY RAN DOWN THE STREETS WITH WEAPONS	BAGIJIME NEZIKHALI ESITALADINI	BAAGEEJEEME' NE'ZEEKAALI E'SEETAALAADEENI
• THEY THREW PETROL BOMBS INTO THE BUILDINGS	BAPHONSE AMABHOMU KAPHETHROLI KWIZAKHIWO	BAAPO'NSE' AAMAABO'MOO KAAPE'TRO'LI KWEEZAAKEEWO'
• THEY SHOT THE PEOPLE WITH RUBBER BULLETS	BADUBULE ABANTU NGEZINHLAMVU ZENJOLOBA	BAADOOBOOLE AABAANTOO NGE'ZEENHLAAMVOO ZE'NJO'LO'BA
• THE POLICE THREW TEAR GAS AT THE CROWD	AMAPHOYISA APHONSE ISISI ESIKHALISA UNYEMBEZI ESIXUKWINI	AAMAAPO'YEESA AAPO'NSE' EESEESI E'SEEKAALEESA OONYE'MBE'ZI E'SEEXOOKWEENI
• THEY USED SMOKE BOMBS ON THE MOB	BASEBENZISE IBHOMU LENTUTHU KUNTUKAZANA	BAASE'BE'NZEESE' EEBO'MOO LE'NTOOTOO KOONTOOKAAZAANA
• THE LAW HAS NO HOLD ON HIM	UMTHETHO AWUMCINDEZELI NAKANCANE	OOMTE'TO' AAWOOMCEENDE'ZE'LI NAAKAANCAANE'
• GO IN PEACE	HAMBA NGOXOLO	HAAMBAA NGO'XO'LO'
• HE IS A THIEF	UNESANDLA / UYISELA	OONE'SAANDLA / OOYEESE'LA
• MAKE A NOISE	BANGA UMSINDO	BAANGA OOMSEENDO'
• IT IS THE TRUTH	YIQINISO	YEEQEENEESO'
• LET US MEET	MASIHLANGANE	MAASEEHLAANGAANE'
• IT DOES NOT MATTER	AKUNALUTHO	AAKOONAALOOTO'
• THE LAWS ARE CHANGING	IMITHETHO IYASHINTSHA	EEMEETE'TO' EEYAASHEENTSHA
• THE POLICE HELP THE BOY	AMAPHOYISA ASIZA UMFANA	AAMAAPO'YEESA AASEEZA OOMFAANA

• DO NOT GO	MUSA UKUHAMBA	MOOSA OOKOOHAAMBA
• AT WHAT TIME (WHEN)	NGASIKHATHI SINI	NGAASEEKAATI SEENI
• I AM SORRY	NGIYAXOLISA	NGEEYAAXO´LEESA
• THE MEN AND WOMEN ARE FIGHTING	AMADODA NAMAKHOSIKAZI AYALWA	AAMAADO´DA NAAMAAKO´SEEKAAZI AAYAALWA
• CAN YOU HELP ME	UNGANGISIZA	OONGAANGEESEEZA
• THERE IS NO WORK	AWUKHO MSEBENZI	AAWOOKO´ MSE´BE´NZI
• THERE IS NOTHING WRONG	AKUKHO LUTHO OLONAKELE	AAKOOKO´ LOOTO´ O´LO´NAAKE´LE´
• I AM NOT SCARED	ANGESABI / ANGISABI	AANGE´SAABI / AANGEE´SAABI
• I WAS NOT SCARED	ANGESABI / NGANGINGESABI	AANGE´SAABI / NGAANGEENGE´SAABI
• WE DO NOT HAVE TIME	ASINASIKHATHI	AASEENAASEEKAATI
• HE / SHE IS NAUGHTY	AKEZWA	AAKE´ZWA
• THERE IS NO WAY OUT	AYIKHO INDLELA	AAYEEKO´ EENDLE´LA
• SPEAK THE TRUTH	KHULUMA IQINISO	KOOLOOMA EEQEENEESO´
• IT IS THE TRUTH	LIQINISO / YIQINISO	LEEQEENEESO´ / YEEQEENEESO´
• IT IS IMPORTANT	KUBALULEKILE	KOOBALOOLE´KEELE´
• MAKE A NOISE	BANGA UMSINDO	BAANGA OOMSEENDO´
• PEACEFUL MARCH	HLABA UHELE BEKHONONDA / UKUMASHA NGOXOLO	HLAABA OOHE´LE´ BE´KO´NO´NDA / OOKOOMAASHA NGO´XO´LO´
• THEY ROBBED A BANK	BAPHANGE IBHANGE	BAAPAANGE´ EEBANGE´
• WALK OUT OF WORK	UKUSHIYA UMSEBENZI	OOKOOSHEEYA OOMSE´BE´NZI
• THEY WANT MORE MONEY	BAFUNA KWENGEZWE IMALI	BAAFOONA KWE´NGE´ZWE´ EEMAALI
• THEY WENT ON STRIKE	BATELEKILE	BAATE´LE´KEELE´
• TAKE A HOSTAGE	THUMBA	TOOMBA
• THEY HELD HIM HOSTAGE	BAMTHUMBILE	BAMTOOMBEELE´

WEATHER	IZULU	EEZOOLOO
THE WEATHER IS FINE	ILANGA LIBALELE	EELAANGA LEEBAALE´LE´
THE SUN IS HOT	ILANGA LIYASHISA	EELAANGA LEEYAASHEESA
THE DAY IS COOL	ILANGA LIPHOLILE	EELAANGA LEEPO´LEELE´
IT IS CLOUDY	LIGUQUBELE	LEEGOOQOOBE´LE´
IT IS THUNDERING	LIYADUMA	LEEYAADOOMA
IT IS LIGHTENING	LIYABANEKA	LEEYAABAANE´KKA
IT IS DRIZZLING	LIYAKHIZA	LEEYAAKEEZA
IT IS RAINING	LIYANA	LEEYAANA
IT IS SNOWING	LIYAKHITHIKA	LEEYAAKEETEEKA
THERE IS FROST	KULELE ISITHWATHWA	KOOLE´LE´ EESEETWAATWAA
THERE IS SNOW	KUNEQHWA	KOONE´QWAA
THERE IS DEW	KULELE AMAZOLO	KOOLE´LE´ AAMAAZO´LO´
THERE IS MIST	KUNENKUNGU	KOONE´NKOONGOO
THE WIND IS BLOWING	KUVUNGUZA UMOYA	KOOVOONGOOZA OOMO´YA
IT IS WINDY	KUNOMOYA	KOONO´MO´YA
IT IS DUSTY	KUNOTHULI	KOONO´TOOLEE
THERE IS MOONLIGHT	KUNONYEZI	KOONO´NYE´ZEE
IT IS DRY	KOMILE	KO´MEELE´
IT IS WET	KUMANZI	KOOMAANZI
IT IS OVERCAST	KUBUYISILE	KOOBOOYEESEELE´

DIRECTIONS	IZINKOMBA	EEZEENKO´MBA
EAST	IMPUMALANGA	IMPOOMAALAANGA
WEST	INTSHONALANGA	INTSHO´NAALAANGA
NORTH	INYAKATHO	INYAAKAATO´
SOUTH	ININGIZIMU	EENEENGEEZEEMOO

TRAVEL	UHAMBO	OOHAAMBO´
• WHERE IS THE . . .	IKUPHI I. . .	EEKOOPI EE. . .
AIRPORT	INKUNDLA YEZINDIZA	EENKOONDLA YE´ZEENDEEZA
BOAT	UMKHUMBI	OOMKOOMBI
BUS	IBHASI	EEBAASEE
BUS STOP	ISITOBHI SEBHASI	EESEETO´BEE SE´BAASI (BUS)
DINING CAR	INQOLA YOKUDLA	INQO´LA YO´KOODLA
HOTEL	IHHOTELA	EEHO´TE´LLA
LUGGAGE OFFICE	IHHOVISI LEZIMPAHLA	EEHO´VEESEE LE´ZEEMPAAHLA
PLATFORM	IPULATFOMU	EEPOOLAATFO´MOO
POLICE	AMAPHOYISA	AAMAAPO´YEESA
STATION	ISITESHI	EESEETE´SHEE
TAXI	ITEKISI	EETE´KEESEE / EETE´KSEE
TOILET	ILAVATHI / ITHOYILETHE	EELAAVAATEE / EETO´YEELE´TE´
TRAIN	ISITIMELA	EESEETEEME´LLA
• WHAT TIME DOES THE . . . LEAVE	. . .SIHAMBA NGASIKHATHI SINI	. . .SEEHAAMBA NGAASEEKAATTI SEENEE
• WHAT TIME DOES . . . ARRIVE	. . .SIFIKA NGASIKHATHI SINI	. . . SEEFEEKA NGAASEEKAATI SEENEE
• DRIVER´S LICENCE	ILAYISENSE YOKUSHAYELA	EELAAYEESE´NSE´ YO´KOOSHAAYE´LA
• HOW MUCH	KUMALINI	KOOMAALEENEE
• HOW FAR IS IT	KUKUDE KANGAKANANI	KOOKOODE´ KAANGAAKAANAANI
• HOW LONG (TIME)	ISIKHATHI ESINGAKANANI	EESEEKAATTEE E´SEENGAAKAANAANEE
• I AM LOST	NGIDUKILE	NGEEDOOKEELE´
• PLEASE SHOW ME THE WAY TO . . .	NGICELA INDLELA EYA. . .(JHB)	NGEECE´LA INDLE´LA E´YA. . . (JOH´BURG)
• IS THIS THE RIGHT WAY TO..	YIYO INDLELA EYA . . .	YEEYO´ INDLE´LA E´YA . . .
• WHERE DOES THIS ROAD GO TO	IYAPHI LE NDLELA	EEYAAPEE LE´ NDLE´LA
• STRAIGHT ON	UQONDE PHAMBILI	OOQO´NDE´ PAAMBEELEE
• LEFT	NGAKWESOKUNXELE	NGAAKWE´SO´KOONXE´LE´
• RIGHT	NGAKWESOKUDLA	NGAAKWE´SO´KOODLA
• I HAVE LOST MY CAR	NGILAHLEKELWE IMOTO YAMI	NGEELAAHLE´KE´LWE´ EEMO´TO´ YAAMI
• I HAVE LOST MY CAR KEYS	NGILAHLEKELWE IZIKHIYE ZEMOTO YAMI	NGEELAAHLE´KE´LWE´ EEZEEKEEYA ZE´MO´TO´ YAAMI
• MY CAR HAS BEEN STOLEN / BROKENDOWN	IMOTO YAMI YEBIWE / IFILE	EEMO´TO´ YAAMI YE´BEEWE´ / EEFEELE´
• PETROL IS FINISHED	UPHELILE UPHETHROLI	OOPE´LEELE´ OOPE´TRO´LI
• THE TYRE IS PUNCTURED	LIPHANTSHILE ISONDO	LEEPAANTSHEELE´ EESO´NDO´
• LIFT	GIBELE	GIBE´LE´ / GEEBE´LE´
• CAN I HAVE A LIFT	NGICELA UKUGIBELA	NGEECE´LA OOKOOGEEBE´LLA
• WHERE IS THE GARAGE	LIKUPHI IGALAJI	LEEKOOPI EEGAALAAJI
• PLEASE FILL THE CAR	NGICELA UYIGCWALISE IMOTO	NGEECE´LA OOYEEGCWAALEESA EEMO´TO´
• CHECK THE OIL	UBHEKE UWOYELA	OOBE´KA OOWO´YE´LLA

English	Zulu	Pronunciation
• PLEASE WASH THE CAR	NGICELA UGEZE IMOTO	NGEECE´LA OOGE´ZE´ EEMO´TO´
• THERE HAS BEEN AN ACCIDENT	KUVELE INGOZI	KOOVE´LE´ EENGO´ZEE
• ARE YOU HURT	ULIMELE NA	OOLEEME´LE´ NA
• CAN I HELP	NGINGASIZA NA	NGEENGAASEEZA NA
• WRITE DOWN	BHALA PHANSI	BAALA PAANSEE
• DO YOU HAVE A MAP	UNAYO IMEPHU	OONAAYO´ EEME´POO
• DETOUR	INDLELA EPHAMBUKAYO	EENDLE´LA E´PAAMBOOKAAYO´
• HOW MUCH	MALINI	MAALEENEE
• PLEASE HELP ME	NGICELA UNGISIZE	NGEECE´LA OONGEESEEZE´
• HOW DO YOU GET TO WORK	UHAMBA NGANI UKUYA EMSEBENZINI	OOHAAMBAA NGAANI OOKOOYA E´MSE´BE´NZEENI
• HOW WILL YOU BE TRAVELLING	UHAMBA / UZOHAMBA NGANI	OOHAAMBA / OOZO´HAAMBA NGAANI
• BY CAR	NGEMOTO	NGE´MO´TO´
• BY BUS	NGEBHASI	NGE´BAASI
• BY TAXI	NGETHEKISI	NGETE´KEESI
• BY BICYCLE	NGEBHAYISIKILI	NGE´BAAYEESEEKEELI
• BY TRAIN	NGESITIMELA	NGE´SEETEEME´LA
• BY MOTORBIKE	NGESITHUTHUTHU	NGE´SEETOOTOOTOO
• BY AEROPLANE (FLYING)	NGEBHANOYI	NGE´BAANO´YI
• BY SHIP (SAILING)	NGOMKHUMBI	NGO´MKOOMBI
• BY FOOT (WALKING)	NGEZINYAWO	NGE´ZEENYAAWO´
• PUT R50 PETROL IN	THELA UPHETHROLI KA R50	TE´LA OOPE´TRO´LI KAA R50
• PUMP THE WHEELS	FUTHA AMASONDO	FOOTAA AAMAASO´NDO´
• HOW IS THE OIL	UNJANI U-OYELA	OONJAANI OO- O´YE´LA
• CHECK OIL & WATER	SHEKA U-OYELA NAMANZI	SHE´KA OO-O´YE´LA NAAMAANZI
• PETROL IS EXPENSIVE	UPHETHROLI UYADULA	OOPEETRO´LI OOYADOOLA
• THE WINDOWS ARE DIRTY	AMAFASITELA ANGCOLILE	AAMAAFAASEETE´LLA AANGCO´LEELE´

ACCOMODATION / HOLIDAY	INDAWO YOKUHLALA NOKULALA / IHOLIDE	INDAAWO´ YO´KOOHLAALA NO´KOOLAALA / EEHO´LEEDE´
• WHERE IS THE HOTEL	LIKUPHI IHHOTELA	LEEKOOPI EEHO´TE´LLA
• WHERE IS THE ...	IKUPHI INDAWO (YE) ...	EEKOOPI EENDAAWO´
CARAVAN PARK	YEKHARAVENI	YE´ KAARAAVE´NI
CAMP SITE	YOKUKHEMPA	YO´KOOKE´MPA
TOILET S	AMATHOYILETHI	AAMAATO´YEELE´TEE
ABLUTION BLOCK	INDAWO YOKUGEZA	EENDAAWO´ YO´KOOGE´ZA
OFFICE	IHHOVISI	EEHO´VEESEE
BRAAI AREA	INDAWO YOKOSA	EENDAAWO´ YO´KO´SA
BEACH	ULWANDLE	OOLWAANDLE´
GAME/NATURE RESERVE	ISIQIWI	EESEEQEEWEE
• DID YOU SEE	UZIBONILE	OOZEEBO´NEELE´
ANY GAME	IZILWANE	EEZEELWAANE´
• I SAW A LION	NGIBONE IBHUBESI	NGEEBO´NE´ EEBOOBE´SEE
• I SAW A BUCK	NGIBONE INYAMAZANE	NGEEBO´NE´ EENYAAMAAZAANE´
• DID YOU SWIM	UBHUKUDILE YINI	OOBOOKOODEELE´ YEENI
• WHERE CAN I ...	NGINGA ...	NGEENGA...
DISPOSE OF RUBBISH	LAHLAPHI IZIBI	LAAHLAAPI EEZEEBEE
EMPTY THE TOILET	LITHULULELA KUPHI ITHOYILETHE	LEETOOLOOLE´LA KOOPI EETO´YEELE´TE´
• FILL THE GAS BOTTLE	LIGCWALISWA KUPHI IBHODLELA LEGESI	LEEGCWAALEESWAA KOOPI EEBO´DLE´LA LE´GESI
• TO LIGHT A FIRE	UKUBASA UMLILO	OOKOOBAASA OOMLEELO´
• IS THERE ELECTRICITY	UKHONA UGESI	OOKO´NA OOGE´SI
• IS THERE A SHOP	SIKHONA ISITOLO	SEEKO´NA EESEETO´LO´
• MAY I HAVE A RECEIPT	NGICELA IRISIDI	NGEECE´LA EEREESEEDI
• HOW MUCH	KUBIZA MALINI / MALINI	KOOBEEZA MAALEENI / MAALEENI
• I HAVE A BOOKING	NGIBHUKHILE	NGEEBOOKEELE´
• SIGN THE REGISTER	SAYINA IREJISTA	SAAYEENA EERE´JEESTA
• IS THERE A MESSAGE	UKHONA UMLAYEZO	OOKO´NA OOMLAAYE´ZO´
• LUGGAGE	IZIMPAHLA ZENDLELA / IZIMPAHLA	EEZEEMPAAHLAA ZE´NDLE´LA / EEZEEMPAAHLAA
• I WANT A ROOM	NGIFUNA IKAMELO	NGEEFOONA EEKAAME´LO´
• WHERE IS ...	IKUPHI ...	EEKOOPI ...
• THE BAR	INKANTINI	EENKAANTEENEE
• THE TOILET	ITHOYILETHE	EETO´YEELE´TE´
• THE DINING ROOM	IKAMELO LOKUDLELA	EEKAAME´LO´ LO´KOODLE´LLA
• MAY I HAVE THE KEY	NGICELA ISIKHIYE	NGEECE´LA EESEEKEEYE´
• MAY I HAVE THE BILL	NGICELA I-AKHAWUNTI YAMI	NGEECE´LA EE-AKOUNTI (AAKAAWOONTI) YAAMI
• CAN I HAVE A DRINK	NGICELA ISIPHUZO	NGEECE´LA EESEEPOOZO´
• HOW MANY BEDS ARE THERE	MINGAKI IMIBHEDE EKHONA	MEENGAAKI EEMEEBE´DE´ E´ KO´NA
• WHERE IS THE MANAGER	UKUPHI UMPHATHI	OOKOOPI OOMPAATI

• IS THERE . . .	IKHONA . . .	EEKO´NNA . . .
TELEVISION	ITHELEVISHINI /	EETE´LLE´VEESHEENI /
	UMABONAKUDE	OOMAABO´NAAKOODE´
BATHROOM	IBHAVULUMU /	EEBAAVOOLOOMOO /
	INDLU YOKUGEZELA	EENDLOO YO´KOOGE´ZE´LA
SHOWER	ISHAWA	EESHAAWAA
AIR CONDITIONING	I-EKHONDISHINI	EE-E´KO´NDEESHEENI
• PLEASE SIGN	NGICELA USAYINE	NGEECE´LA OOSAAYEENE´
• PARK THE CAR	PAKA / BEKA IMOTO	PAAKA / BE´KA EEMO´TO´
• PLEASE CALL A TAXI	NGICELA UNGIBIZELE	NGEECE´LA OONGEEBEEZE´LLE´
	ITHEKISI	EETAXI / EETE´KEESI
• I SHALL BE LEAVING AT 8	NGIZOHAMBA NGO- 8	NGEEZO´HAAMBA NGO´ - 8
• I WILL BE ARRIVING AT 8	NGIZOFIKA NGO -8	NGEEZO´FEEKA NGO´ - 8
• ENJOY YOURSELF	UHAMBE KAHLE	OOHAAMBE´ KAAHLE´

WILD LIFE ANIMALS	IZILWANE ZASENDLE	EEZEELWAANE´ ZAASE´NDLE´
ANT BEAR	ISAMBANE	EESAAMBANE´
BABOON	IMFENE	EEMFE´NE´
BEAR	IBHELE	EEBE´LE´
BIRD	INYONI	EENYO´NI
BUCK	INYAMAZANE	EENYAAMAAZAANE´
BUFFALO	INYATHI	EENYAATI
BUSHBABY	ISINKWE	EESEENKWE´
BUSHBUCK	UNKONKA	OONKO´NKA
CAMEL	IKAMELI	EEKAAME´LI
CHEETAH	INGULULE	EENGOOLOOLE´
CROCODILE	INGWENYA	EENGWE´NYA
DUIKER	IMPUNZI	EEMPOONZI
ELEPHANT	INDLOVU	EENDLO´VOO
GIRAFFE	INDLULAMITHI	EENDLOOLAAMEETI
GOAT	IMBUZI	EEMBOOZI
GUINEA FOWL	IMPANGELE	EEMPAANGE´LE´
HIPPOPOTAMUS	IMVUBU	EEMVOOBOO
HYENA	IMPISI	EEMPEESI
JACKAL	IMPUNGUSHE	EEMPOONGOOSHE´
LEOPARD	INGWE	EENGWE´
LION	INGONYAMA / IBHUBESI	EENGO´NYAAMA / EEBOOBE´SI
MAMBA	IMAMBA	EEMAAAMBA
POLECAT	IQAQA	EEQAAQAA
PYTHON	INHLWATHI	EENHLWAATI
RHINOCEROS	UBHEJANE	OOBE´JAANE´
SPRINGBOK (AMABOKKA-BOKKA)	INSEPHE	EENSE´PE´
TIGER	INGWE	EENGWE´
WART HOG	INDLOVUDAWANA	EENDLO´VOODAAWAANA
WILD PIG	INGULUBE YEHLATHI	EENGOOLOOBE´ YE´HLAATI
ZEBRA	IDUBE	EEDOOBE

- THE LIONS WERE CHASING THE BUCK / BUCK (PLURAL) AMABHUBESI ABEXOSHA INYAMAZANE / IZINYAMAZANE AAMAABOOBE´SI AABE´XO´SHA EENYAAMAAZAANE´ / EEZEENYAAMAAZAANE´
- WE SAW LIONS SIBONE AMABHUBESI SEEBO´NE´ AAMAABOOBE´SEE
- THE LIONS SIT UNDER THE TREES AMABHUBESI AHLALA PHANSI KWEMITHI AAMAABOOBE´SI AAHLAALA PAANSI KWE´MEETI
- LIONS LIKE MEAT AND BONES AMABHUBESI ATHANDA INYAMA NAMATHAMBO AAMAABOOBE´SI AATAANDA EENYAAMA NAAMAATAAMBO´
- LIONS KILL CHILDREN AMABHUBESI ABULALA ABANTWANA AAMAABOOBE´SI AABOOLAALA AABAANTWAANA
- THE ANIMALS ARE RUNNING AWAY IZILWANE ZIYABALEKA EEZEELWAANE´ ZEEYAABAALE´KA
- THE ANIMALS ARE DRINKING WATER IZILWANE ZIPHUZA AMANZI EEZEELWAANE´ ZEEPOOZA AAMAANZI
- THE ANIMALS ARE EATING IZILWANE ZIYADLA EEZEELWAANE´ ZEEYAADLA
- THE HIPPOS ARE SWIMMING IZIMVUBU ZIYABHUKUDA / ZIYA HLAMBA EEZEEMVOOBOO ZEEYAABOOKOODA / ZEEYAA HLAAMBA
- THE ANIMALS ARE GRAZING IZILWANE ZIDLA UTSHANI EEZEELWAANE´ ZEEDLAA OOTSHAANI
- THE ZEBRA IS MATING IDUBE LIYAKHWELA EEDOOBE´ LEEYAAKWE´LA

NOTE :

IN ZULU THE NOUN CONSISTS OF A PREFIX AND A STEM - FOR EXAMPLE UBABA (FATHER) U- BABA (OOBAABA) . THEREFORE , ALL NOUNS ARE SHOWN IN THEIR FULL FORM IN MOST CASES .

DAYS OF THE WEEK	IZINSUKU ZESONTO	EEZEENSOOKOO ZE´SO´NTO´
MONDAY	UMSOMBULUKO	OOMSO´MBOOLOOKO´
TUESDAY	ULWESIBILI	OOLWE´SEEBEELEE
WEDNESDAY	ULWESITHATHU	OOLWE´SEETAATOO
THURSDAY	ULWESINE	OOLWE´SEENE´
FRIDAY	ULWESIHLANU	OOLWE´SEEHLAANOO
SATURDAY	UMGQIBELO	OOMGQEEBE´LO´
SUNDAY	ISONTO	EESO´NTO´
TODAY	NAMUHLA / NAMHLANJE	NAAMOOHLA / NAAMHLAANJE´
TODAY IS . . . (MONDAY)	NAMUHLA NGU . . .	NAAMOOHLA NGOO . . .
TOMORROW	KUSASA	KOOSAASA
TOMORROW IS . . .(MONDAY)	KUSASA NGU . . .	KOOSAASA NGOO . . .
DAY AFTER TOMORROW	NGOMHLOMUNYE	NGO´MHLO´MOONYE´
YESTERDAY	IZOLO	EEZO´LO´
DAY BEFORE YESTERDAY	KUTHANGI	KOOTAANGI
LAST WEEK	NGESONTO ELIDLULE	NGE´SO´NTO´ E´LEEDLOOLE´
THIS WEEK	LELI SONTO	LE´LI SO´NTO´
DURING THIS WEEK	NGALELI SONTO	NGAALE´LI SO´NTO´
MONTH	INYANGA	EENYAANGA
THIS YEAR	LO NYAKA	LO´ NYAAKA
LAST YEAR	NGONYAKA ODLULE	NGO´NYAAKA O´DLOOLE´
NEXT YEAR	NGONYAKA OZAYO	NGO´NYAAKA O´ZAAYO´
DURING THIS YEAR	NGONYAKA / KULO NYAKA	NGO´NYAAKA / KOOLO´ NYAAKA
DURING LAST YEAR	NGONYAKA ODLULE / NGALONYAKA ODLULE	NGO´NYAAKA O´DLOOLE´ / NGAALO´NYAAKA O´DLOOLEELE´
DURING THIS COMING YEAR	NGONYAKA OZAYO / NGALONYAKA OZAYO	NGO´NYAAKA O´ZAAYO´ / NGAALO´NYAAKA O´ZAAYO´

MONTHS OF THE YEAR	IZINYANGA ZONYAKA	EEZEENYAANGA ZO´NYAAKA
JANUARY	uJANUWARI	OOJAANOOWAARI
FEBRUARY	uFEBHRUWARI	OOFE´BROOWAARI
MARCH	uMASHI	OOMAASHI
APRIL	u-EPHRILI / u-APRIL	OO-E´PREELI / OO-APRIL
MAY	uMEYI	OOMAYI / OOME´YI
JUNE	uJUNI	OOJOONI
JULY	uJULAYI	OOJOOLAAYI
AUGUST	u-AGASTI	OO-AAGAASTI
SEPTEMBER	uSEPTHEMBA	OOSE´PTE´MBA
OCTOBER	u-OKTHOBA	OO-O´KTO´BA
NOVEMBER	uNOVEMBA	OONO´VE´MBA
DECEMBER	uDISEMBA	OODEESE´MBA

A

ENGLISH	ZULU	PHONETIC PRONUNCIATION
ABLE	-KWAZI	-KWAAZEE
ABOVE	PHEZULU	PE´ZOOLOO
ABSENT	AKEKHO / -KHO	AAKE´KO´ / -KO´
ABSENT-MINDED	ALUKILE	AALOOKEELE´
ACCELERATE	SHESHISA	SHE´SHEESA
ACCIDENT	INGOZI	INGO´ZEE
ACCIDENTALLY	NGENGOZI	NGE´NGO´ZEE
ACCOMMODATE	NIKA INDAWO	NEEKA INDAAWO´
ACCOMPANY	PHELEZELA	PE´LE´ZE´LA
ACCOUNT	I - AKHAWUNTI	EE -AAKAAWOONTI
ACCUSE	BEKA ICALA	BE´KA EECAALA
ACHE	UBUHLUNGU	OOBOOHLOONGOO
ACHIEVE	FEZA	FE´ZA
ACHIEVEMENT	IMPUMELELO	IMPOOME´LE´LO´
ACID / SOUR	MUNCU	MOONCOO
ACKNOWLEDGE	VUMA	VOOMA
ACQUAINT	AZISA	AZEESA
ACQUIRE	ZUZA / THOLA	ZOOZA / TO´LA
ACROSS (THROUGH)	PHAMBANA NA	PAAMBAANA NAA
ACROSS (YONDER)	PHESHEYA	PE´SHE´YA
ACTIVE (ENERGETIC)	KHUTHELE	KOOTE´LE´
ADAPT	VUMELANISA	VOOME´LAANEESA
ADD	ENEZELA / ENGEZA	E´NE´ZE´LA / E´NGE´ZA
ADDRESS (P.O.BOX)	IKHELI	EEKE´LLI
ADEQUATE	ANELE	AANE´LE´
ADHERE	NAMATHELA	NAAMAATE´LLA
ADMIRE	BABAZA	BAABAAZA
ADMISSION	UKWAMUKELWA	OOKWAAMOOKE´LWA
ADMIT	MUKELA	MOOKE´LA
ADOPT	THOLA	TO´LA
ADOPTION	UKUTHOLA	OOKOOTO´LLA
ADORE	KHULEKELA	KOOLE´KE´LA
ADULT (A)	OSEKHULILE	O´SE´KOOLEELE´
ADULT (N)	UMUNTU OSEKHULILE	OOMOONTOO O´SE´KOOLEELE´
ADVANCE (N)	UKUQHUBEKA	OOKOOQOOBE´KA
ADVANCEMENT	INQUBEKELA PHAMBILI	EENQOOBE´KE´LA PAAMBEELI
ADVANTAGE	INZUZO	INZOOZO´
ADVERTISE	AZISA	AZEESA
ADVERTISEMENT	ISAZISO	EESAAZEESO´
ADVICE	ISELULEKO	EESE´LOOLE´KO´
ADVISER	UMELULEKI	OOME´LOOLE´KEE
AEROPLANE	IBHANOYI	EEBAANO´YI
AFFAIR	INDABA	EENDAABA

AFFAIR - LOVE	INDABA YOTHANDO	EENDAABA YO´TAANDO´
AFFECT (V)	THINTA	TEENTA
AFFECTION	UTHANDO	OOTAANDO´
AFFORD	VEZA	VE´ZA
AFRAID	NOVALO / SABAYO	NO´VAALO´ / SAABAAYO´
AFTER	EMUVA KWA	E´MOOVA KWAA
AFTERNOON	INTAMBAMA	INTAAMBAAMA
AFTERWARDS	KAMUVA	KAAMOOVA
AGAIN	FUTHI	FOOTI
AGAINST (LEAN)	NCIKA	NCEEKA
AGE (N)	UBUDALA	OOBOODAALA
AGE (V)	GUGA	GOOGA
AGED	GUGILE	GOOGEELE´
AGILE	LULA	LOOLA
AGREE	VUMELANA	VOOME´LAANA
AGREEABLE (ADV)	MNANDI	MNAANDI
AGREEMENT	ISIVUMELWANO	EESEEVOOME´LWAANO´
AHEAD	NGAPHAMBILI	NGAAPAAMBEELI
AID (N) - HELP	USIZO	OOSEEZO´
AID (V)	SIZA	SEEZA
AIDS - ILLNESS	INGCULAZI	EENGCOOLAAZI
AIM (V)	KHOMBA / -HLOSA	KO´MBA / -HLO´SA
AIR (N)	UMOYA	OOMO´YA
AIR (V)	SHAYA UMOYA	SHAAYA OOMO´YA
ALARM (SCARE)	ETHUSA / ESABISA	E´TOOSA / E´SAABEESA
ALBINO	INKAWU	EENKAAWOO
ALCOHOL	UGOLOGO / UTSHWALA	OOGO´LO´GO´ / OOTSHWAALA
ALCOHOLIC (N)	ISIDAKWA	EESEEDAAKWA
ALIKE	FANAYO	FAANAAYO´
ALIVE	PHILILE	PEELEELE´
ALL (BEINGS)	SONKE	SO´NKE´
ALL (THINGS)	KONKE	KO´NKE´
ALLOW	VUMELA	VOOME´LA
ALMOST	CISHE	CEESHE´
ALONE	ODWA	O´DWA
ALOUD	NOMSINDO	NO´MSEENDO´ (OOR)
ALSO	FUTHI	FOOTEE
ALTERNATE	PHAMBANISIWEYO	PAAMBAANEESEEWE´YO´
ALTHOUGH	NOMA	NO´MA
ALWAYS	NJALO	NJAALO´
AMAZE	MANGALISA	MAANGAALEESA
AMBITION	UKULANGAZELA	OOKOOLAANGAAZE´LA
AMBULANCE	I-AMBULENSE	EE-AAMBOOLE´NSE´
AMID	PHAKATHI KWA	PAAKAATI KWAA
AMMUNITION	IZINDUBULO	EEZEENDOOBOOLO´
AMUSE	THOKOZISA	TO´KO´ZEESA
AND	NA	NAA
ANGER	ULAKA	OOLAAKA
ANGRY	THUKUTHELE	TOOKOOTE´LE´

ANIMAL	ISILWANE	EESEELWAANE´
ANNOUNCE	MEMEZELA	ME´ME´ZE´LA
ANNOY	CASULA	CAASOOLA
ANSWER	IMPENDULO	IMPE´NDOOLO´
ANSWER (V)	PHENDULA	PE´NDOOLA
ANT	INTUTHWANE	INTOOTWAANE´
ANY	NOMA	NO´MA
ANYBODY	NOMA UBANI	NO´MA OOBAANI
ANYHOW	NOMA KUNJANI	NO´MA KOONJAANI
ANYTHING	NOMA YINI	NO´MA YEENI
ANYWHERE	NOMA KUPHI	NO´MA KOOPI
APE	INKAWU	EENKAAWOO
APOLOGISE	XOLISA	XO´LEESA
APPETITE	INKANUKO	INKAANOOKA
APPLE	I-APHULA	EE-AAPOOLA
APPLICANT	OFAKA ISICELO	O´FAAKA EESEECE´LO´
APPLY (V)	FAKA ISICELO	FAAKAA EESEECE´LO´
APPOINT	QASHA	QAASHA
APPROVAL	IMVUME	IMVOOME´
APPROVE	VUMELA	VOOME´LA
APRON	IPHINIFO	IPINNIFO´ / EEPEENEEFO´
ARGUE	PHIKISANA	PEEKEESAANA
ARID	OMILE	O´MEELE´
ARISE	VUKA	VOOKA
ARM	INGALO	EENGAALO´
ARMY	IMPI	EEMPEE
AROUSE	VUSA	VOOSA
ARRANGE	HLELA	HLE´LA
ARREST	UKUBOSHWA	OOKOOBO´SHWA
ARRIVE	FIKA	FEEKA
ARTICLE	INTO	EENTO´
ASH	UMLOTHA	OOMLO´TTA
ASHAMED	NAMAHLONI	NAAMAAHLO´NEE
ASIDE (PUT)	NGASESE / BEKA ECELENI	NGAASE´SE´ / BE´KA E´CE´LE´NI
ASK	BUZA	BOOZA
ASLEEP	LELE	LE´LE´
ASSAULT	HLASELA	HLAASE´LA
ASSIST	SEKELA / SIZA	SE´KE´LA / SEEZA
ASSISTANT	UMSIZI	OOMSEEZI
ATTACH	HLANGANISA	HLAANGAANEESA
ATTEMPT (N)	UMZAMO	OOMZAAMO´
AVOCADO PEAR	UKWATAPEYA	OOKWAATAAPE´YA
AWAKE (V)	VUKA	VOOKA
AXE	IMBAZO	IMBAAZO´

B

BABY	UMNTWANA	OOMNTWAANA
BACK (ADV)	EMUVA	E´MOOVA
BACK (N)	UMHLANE	OOMHLAANE´
BACON	UBHEKENI	OOBE´KE´NI
BADLY	KABI	KAABEE
BAG (SACK)	ISAKA	ISAAKA
BAKE	BHAKA	BAAKA
BAKE AT (TEMP.)	BHAKA KU 180 DEG.	BAAKA KOO 180 DEG.
BAKE TILL . . .	BHAKA KUZE KU . . .	BAAKA KOOZE´ KOO . . .
BAKED POTATO	IZAMBANE ELIBHAKIWE	EEZAAMBAANE´ E´LEEBAAKEEWE´
BANANA	UBHANANA	OOBAANAANA
BARK (V) - DOG	KHONKOTHA	KO´NKO´TA
BASIN	UBHESENI	OOBE´SE´NI
BASKET	UBHASIKIDI	OOBAASEEKEEDI
BATH	UBHAVU	OOBAAVOO
BATH (V)	UKUBHAVA	OOKOOBAAVA
BATHROOM	IBHAVULUMU	EEBAAVOOLOOMOO
BEAT (V) - EGG	SHAYA	SHAAYA (SHAIYA)
BEAT TILL . . .	SHAYA KUZE KU . . .	SHAAYA KOOZE´ KOO . . .
BED	UMBHEDE	OOMBE´DE´
BEDCLOTHES	IZINGUBO ZOKULALA	EEZEENGOOBO´ ZO´KOOLAALA
BEDROOM	IKAMELO LOKULALA	EEKAAME´LO LO´KOOLALA
BEE	INYOSI	INYO´SI
BEEF	INYAMA YENKOMO	INYAAMA YE´NKO´MO´
BEER	UTSHWALA	OOTSHWAALA
BEFORE	. . . KWA- / KUKA-	. . . KWA / KOOKA-
BEGIN	QALA	QAALA
BEHIND	EMUVA	E´MOOVA
BELL	INSIMBI	EENSEEMBI
BELLY	ISISU	EESEESOO
BELONG (MINE)	KWA (KWAMI)	KWA (KWAAMI)
BELT	IBHANDE	EEBAANDE´
BETTER	NGCONO	NCO´NO´
BETWEEN	NGAPHAKATHI	NGAAPAAKAATEE
BEWARE	QAPHELA	QAAPE´LLA
BIG	KHULU	KOOLOO
BIRTHDAY	USUKU LOKUZALWA	OOSOOKOO LO´KOOZAALWA
BISCUIT	IBHISIKIDI	EEBEESEEKEEDI
BIT	ISIHLEPHU / KANCANE	EESEEHLE´POO´ / KAANCAANE´
BIT BY BIT	KANCANE KANCANE	KAANCAANE´ KAANCAANE´
BITE	LUMA	LOOMA
BITTER	MUNCU	MOONCOO
BLACK	MNYAMA	MNYAAMA
BLADDER	ISINYE	EESEENYE´

English	Zulu	Pronunciation
BLAME	SOLA	SO´LA
BLANKET	INGUBO	EENGOOBO´
BLEACH (V)	CASISA UMBALA OMHLOHPE	CAASEESA OOMBAALA O´MHLO´PE´
BLEED	OPHA	O´PA
BLESS (V)	BUSISA	BOOSEESA
BLIND	YIMPUMPUTHE	YEEMPOOMPOOTE´
BLOB (OF BUTTER)	ISICUCWANA	EESEECOOCWAANA
BLOCK	ISIGAXA	EESEEGAAXA
BLOCK (V)	VIMBELA	VEEMBE´LLA
BLOOD	IGAZI	EEGAAZI
BLOUSE	IBHULAWOZI	EEBOOLAAWO´ZI
BLOW	PHEPHETHA	PE´PE´TTA
BLUNT	BUTHUNTU	BOOTOONTOO
BOARD	IBHODI	EEBO´DDI
BODY	UMZIMBA	OOMZEEMBA
BOIL	BILISA	BEELEESA
BOILED (EGG)	ELIBILISIWE	E´LLEEBEELEESEEWE´
BOILING WATER	AMANZI ABILAYO	AAMAANZEE AABEELAAYO´
BONE	ITHAMBO	EETAAMBO´
BOOK	INCWADI / IBHUKU	EENCWAADI / EEBOOKOO
BOOT (CAR)	IBHUTHI	EEBOOTI
BOTH	BOBABILI	BO´BAABEELI
BOTTLE	IBHODLELA	EEBO´DLE´LA
BOTTOM	NGAPHANSI	NGAAPAANSEE
BOWL	ISITSHA	EESEETSHA
BOX	IBHOKISI	EEBO´KEESEE
BOY	UMFANA	OOMFAANA
BRASS	ITHUSI	EETOOSI
BREAD	ISINKWA	EESEENKWA
BREAD BOARD	UQWEMBE LOKU SIKELA ISINKWA	OOQWE´MBE´ LO´KOO SEEKE´LA EESEENKWA
BREAD SLICER	UMMESE WESINKWA	OOME´SE WE´SEENKWA
BREAD CRUMBS	IMVUTHU YESINKWA	EEMVOOTOO YE´SEENKWA
BREAK	EPHUKA	E´POOKA
BREAKFAST	IBHULAKUFESI	EEBOOLAAKOOFE´SI
BREATH	UMPHEFUMULO	OOMPE´FOOMOOLO´
BREATHE	PHEFUMULA	PE´FOOMOOLA
BREEZE	UMOYA OMNANDI	OOMO´YA O´MNAANDI
BRING	LETHA	LE´TTA
BROKEN	FILE / PHUKILE	FEELE´ / POOKEELE´
BROOM	UMSHANELO	OOMSHAANE´LO´
BROTHER	UMFOWETHU	OOMFO´WE´TOO / OOMFOURWHERETOO
BROTHER-IN-LAW	UMLAMU	OOMLAAMOO
BROWN	NSUNDU	NSOONDOO
BROWN SUGAR	USHUKELA ONSUNDU	OOSHOOKE´LA O´NSOONDO´
BRUISE	ISISIHLA	EESEESEEHLA
BRUSH	IBHULASHI	EEBOOLAASHI

BUBBLES (BOIL)	AMAGWEBU	AAMAAGWE´BOO
BUCKET	IBHAKEDE	EEBAAKE´DE´ (BUCKET)
BUILD	AKHA	AAKA
BURGLAR	UMGQEKEZI	OOMGQE´KE´ZI
BURN	SHISA	SHEESA
BURN - MUST NOT	KUNGASHI	KOONGAASHEE
BURST	QHUMA	QOOMA
BURY	NGCWABA	NGCWAABA
BUS	IBHASI	EEBAASI
BUSH	IHLATHI	EEHLAATI
BUT	KODWA	KO´DWA
BUTCHER (N)	UBHUSHA	OOBOOSHA
BUTCHERY	IBHUSHA / ISILAHA	EEBOOSHA / EESEELAAGHA
BUTTER	IBHOTELA	EEBO´TE´LLA
BUTTERED (GREASED)	ELIGCOTSHIWE	E´LLEEGCO´TSHEEWE´
BUTTERNUT	IBHATHANATHI	EEBAATAANAATI
BUY	THENGA	TE´NGA

C

CABBAGE	IKHABISHI / IKLABISHI	EEKAABEESHI / EEKLAABEESHI
CAFE	IKHEFI	EEKE´FFI
CAKE	IKHEKHE	IKE´KE´ / EEKE´KE´
CALCULATE	BALA / BALISISA	BAALA / BAALEESEESA
CALENDER	IKHALENDA	EEKAALE´NDA
CALL	BIZA	BEEZA
CALLER	ISIVAKASHI	EESEEVAAKAASHEE
CALM	THULILE	TOOLEELE´
CAMERA	IKHAMERA	EEKAAME´RA
CANCER	UMDLAVUZA	OOMDLAAVOOZA
CANDLE	IKHANDLELA	EEKAANDLE´LA
CANVAS	USEYILI	OOSAILI / OOSE´YEELEE
CAP - LID	ISIVALO	EESEEVAALO´
CAP - HAT	IKEPISI	EEKE´PPEESI
CAR	IMOTO	EEMO´TO´
CARE - TAKE CARE	QAPHELA	QAAPE´LLA
CARE (V)	UKUNAKELELA	OOKOONAAKE´LE´LA
CAREFUL	NAKEKELA	NAAKE´KE´LAA
CARELESS	NGANAKI	NGAANAAKI
CARETAKER	UMBHEKI	OOMBE´KI
CARROT	UKHEROTHI	OOKE´RO´TTI
CARRY	THWALA	TWAALA
CARRY - ON BACK	BELETHA	BE´LE´TTA
CART (N)	IKALISHI	EEKAALEESHI
CASSEROLE DISH	INDISHI YOKUPHEKA	EENDEESHI YO´KOOPE´KKA
CATCH	BAMBA	BAAMBA
CATERPILLAR	ICIMBI	EECEEMBEE
CATTLE	IZINKOMO	EEZEENKO´MO´
CAULIFLOWER	UKHOLIFLAWA	OOKO´LEEFLAAWA
CAUSE (V)	BANGA / ENZA	BAANGA / E´NZA
CAUSE (N)	IMBANGELA	EEMBAANGE´LA
CEASE	KHAWULA	KAAWOOLA
CEILING	ISILINGI	EESEELEENGEE
CELERY	USELERI	OOSE´LE´RI
CENT	ISENTI	EESE´NTI
CHAIR	ISIHLALO	EESEEHLAALO´
CHANCE / OPPORTUNITY	ITHUBA	EETOOBA
CHANGE (V)	SHINTSHA	SHEENTSHA
CHARM	UBUHLE	OOBOOHLE´
CHAT	XOXA	XO´XA
CHEAP	SHIBHILE	SHEEBEELE´
CHECK	HLOLISISA	HLO´LEESEESA
CHEERFUL	THOKOZILE	TO´KO´ZEELE´
CHEESE	USHIZI	OOSHEEZI
CHICKEN	INKUKHU	EENKOOKOO

English	Zulu	Pronunciation
CHICKEN PIECES	AMAPHISISI ENKUKHU	AAMAAPEESEESI E´NKOOKOO
CHICKEN - WHITE	UMKHWEPHA	OOMKWE´PPA
CHILD	UMNTWANA	OOMNTWAANA
CHILDISHNESS	UBUNTWANA	OOBOONTWAANA
CHILLI	UPELEPELE	OOPE´LE´PE´LE´
CHIMNEY	USHIMULA	OOSHEEMOOLA
CHIN	ISILEVU	EESEELE´VOO
CHIP (POTATO)	UCEZU	OOCE´ZOO
CHIPS (FISH &)	AMASHIPSI	AAMAASHEEPSI
CHOCOLATE	USHOKOLETHI	OOSHO´KO´LE´TEE
CHOICE	UKUKHETHA	OOKOOKE´TTA
CHOOSE	KHETHA	KE´TTA
CHOP (V) - TREE	GAWULA	GAAWOOLA
CHOP (V) - MEAT & VEGIES	QOBA	QO´BAA
CHOP (MEAT)	ISHOPSI	EESHO´PSI
CHOPPED	QOTSHIWE	QO´TSHEEWE´
CHRISTMAS	UKHISIMUSI	OOKEESEEMOOSI
CHURCH	ISONTO	EESO´NTO´
CHUTNEY	USHATINI	OOSHAATEENEE
CIGARETTE	USIKILIDI	OOSEEKEELEEDI
CINDER - COAL	ILAHLE	EELAAHLE´
CINEMA	IBHAYISIKOBHO	EEBAAYEESEEKO´BO´
CIRCLE	ISIYINGI	EESEEYEENGI
CISTERN	ITHANGI LETHOYILETHI	EETAANGEE LE´TO´YEELE´TI
CITY	IDOLOBHA	EEDO´LO´BA
CLAW	UZIPHO	OOZEEPO´
CLEAN	HLANZEKILE	HLAANZE´KEELE´
CLEAN (V)	HLANZA	HLAANZA
CLEAN (FLOOR / FOOD)	GEZA / WASHA	GE´ZAA / WAASHAA
CLEANLINESS	UBUNONO	OOBOONO´NO´
CLIMB	KHWELA	KWE´LA
CLING	NOMBELA	NO´MBE´LA
CLINIC	IKLINIKI	EEKLEENEEKI
CLOCK	IWASHI ELIKHULU	EEWAASHI E´LEEKOOLOO
CLOSE (V)	VALA	VAALA
CLOSE (A)	EDUZE	E´DOOZE´
CLOT	ISIGAXA	EESEEGAAXA
CLOTH	INDWANGU	EENDWAANGOO
CLOTHE	EMBESA	E´MBE´SA
CLOTHES	IZINGUBO	EEZEENGOOBO´
CLOUD	IFU	EEFOO
CLUB (TENNIS)	IKILABHU	EEKEELAABOO
CLUMSY	NDAXANDAXA	NDAAXAANDAAXA
COAL	AMALAHLE	AAMAALAAHLE´
COAST	UGU	OOGOO
COAT	IBHANTSHI	EEBAANTSHEE
COBWEB	UBULEMBU	OOBOOLE´MBOO
COCK	IQHUDE	EEQOODE´

COCKROACH	IPHELA	EEPE´LA
COCOA	UKHOKHO	OOKO´KO´
COCONUT	KHUKHUNATHI	KOOKOONAATI
COFFEE	IKHOFI	EEKO´FFEE
COFFIN	IBHOKISI LOMNGCWABO	EEBO´KEESEE LO´MNGCWAABO´
COIN	UHLAMVU LWEMALI	OOHLAAMVOO LWE´MAALI
COLD	MAKHAZA	MAAKAAZA
COLLAR	ISIPHIKA	EESEEPEEKA
COLLECT	QOQA / BUTHA	QO´QA / BOOTA
COLLEGE	IKHOLIJI	EEKO´LLEEJI
COLLIDE	SHAYANA / SHAYISANA	SHAAYAANA / SHAAYEESAANA
COLOUR	UMBALA	OOMBAALA
COMB	IKAMA	EEKAAMA
COMB (V)	KAMA	KAAMA
COMBINE	HLANGANISA	HLAANGAANEESA
COME	-ZA / WOZA	- ZAA / WO´ZA (WAR-ZA)
COME OUT (OVEN)	KUPHUMA	KOOPOOMA
COMFORT (V)	DUDUZA	DOODOOZA
COMPANION	UMHLANGANYELI	OOMHLAANGAANYE´LLI
COMPANIONSHIP	UBUNGANE	OOBOONGAANE´
COMPETITION	UMQHUDELWANO	OOMQOODE´LWAANO´
COMPLAIN	KHALA	KAALA
COMPLAINT	ISIKHALO	EESEEKAALO´
COMPLETE (A)	PHELELEYO	PE´LE´LE´YO´
COMPLETE (V)	QEDELA	QE´DE´LA
COMPOST	UMQUBA	OOMQOOBA
CONCEAL (HIDE)	FIHLA	FEEHLA
CONCEITED	ZIQHAYISA	ZEEQAAYEESA
CONCEIVE (BABY)	MITHA / KHULELWA	MEETA / KOOLE´LWAA
CONCRETE	UKHONKOLO	OOKO´NKO´LO´
CONDITION	UBUNJANI	OOBOONJAANEE
CONDOM	IJAZI LOMKHWENYANE	EEJAAZI LO´MKWE´NYAANE´
CONDUCT (V) - BEHAVE	ZIPHATHA KAHLE	ZEEPAATA KAAHLE´
CONFERENCE	UMHLANGANO	OOMHLAANGAANO´
CONFESS	VUMA	VOOMA
CONFESSION	UKUVUMA	OOKOOVOOMA
CONFIDE	HLEBELA	HLE´BE´LA
CONFIDENTIAL	YISIFUBA	YEESEEFOOBA
CONFLICT (V)	PHAMBANA	PAAMBAANA
CONFUSE	DIDA	DEEDA
CONGEAL	SHUBA	SHOOBA
CONGRATULATE	HALALISELA	HAALAALEESE´LA
CONNECT	HLANGANISA	HLAANGAANEESA
CONSENT	UKUVUMA	OOKOOVOOMA
CONSOLE	DUDUZA	DOODOOZA
CONSTIPATION	UKUQUMBA	OOKOOQOOMBA
CONSULT	XOXISANA	XO´XEESAANA
CONSUMPTION	UKUDLIWA	OOKOODLEEWA
CONTACT LENS	INGILAZI YEZIBUKO	EENGEELAAZI YE´ZEEBOOKO´
CONTACT (V) - MEET WITH	THINTANA	TEENTAANA

CONTAGIOUS	THATHELANAYO	TAATE´LAANAAYO´
CONTAIN	PHATHA	PAATA
CONTAINER / DRUM	IDLELO / UMGQOMO	EEDLE´LO´ / OOMGQO´MO´
CONTENT (HAPPY)	ENAMILE	E´NAAMEELE´
CONTENTS	OKUQUKETHWE	O´KOOQOOKE´TWE´
CONTINUE (V)	QHUBA	QOOBA
CONTINUE (TO GO ON)	QHUBEKA	QOOBE´KA
CONTINUE (WITH THIS)	QHUBEKA NALOKHU	QOOBE´KA NAALO´KOO
CONTRACEPTION	UKUZIVALA / UKUVIKELA	OOKOOZEEVAALA / OOKOOVEEKE´LAA
CONTRACT	ISIVUMELWANO	EESSEEVOOME´LWAANO´
CONTRACTION	UKUFINYEZA	OOKOOFEENYE´ZA
CONTRADICT (V)	PHIKISA	PEEKEESA
CONTROL (V)	PHATHA	PAATA
CONVALESCE (V)	LULAMA	LOOLAAMA
CONVENIENT	VUMEKAYO	VOOME´KAAYO´
CONVERSATION	INKULUMO	EENKOOLOOMO´
CONVERSION	IMPENDUKO	EEMPE´NDOOKO´
CONVERT (V)	PHENDULA / GUQULA	PE´NDOOLAA / GOOQOOLA
CONVICT	ISIBOSHWA	EESEEBO´SHWA
CONVINCE (V)	GCULISA	GCOOLEESA
CONVULSION	UKUDIKIZA	OOKOODEEKEEZA
COOK (N)	UMPHEKI	OOMPE´KI
COOK (V)	PHEKA	PE´KA
COOKED (WHEN)	SEKUVUTHIWE	SE´KOOVOOTEEWE´
COOL	PHOLILE	PO´LEELE´
COOL (V)	PHOLA	PO´LA
COOL OFF	YEHLISA UKUSHISA	YE´HLEESA OOKOOSHEESA
COOL OFF (TEMP.)	WEHLISA UKUSHISA	WE´HLEESA OOKOOSHEESA
CO-OPERATE (V)	SIZANA	SEEZAANA
CO-OPERATION	UKUSIZANA	OOKOOSEEZAANA
CORD	UMCHILO	OOMCHEELO´
CORK	UKHOKHO	OOKO´KO´
CORNER	IKHONA	EEKO´NA
CORPSE	ISIDUMBU	EESEEDOOMBOO
CORRECT	LUNGILE	LOONGEELE´
CORRECT (V)	LUNGISA	LOONGEESA
COSTLY	DULILE / - BIZA	DOOLEELE´ / - BEEZA
COTTAGE	INDLWANA	INDLWAANA
COTTONWOOL	UVOLO	OOVO´LO´
COTTON	UKOTINI	OOKO´TEENEE
COUGH	UKUKHWEHLELA	OOKOOKWE´HLE´LA
COUNT	BALA	BAALA
COVER (N)	ISIVALO	EESEEVAALO´
COVER (V) - CLOSE	VALA / YEMBOZA	VAALA / YE´MBO´ZA
COVER WITH (V) - LID	YEMBOZA	YE´MBO´ZA
COW	INKOMO	EENKO´MO´
COW (FEMALE)	INKOMAZI	EENKO´MAAZI
COWARD	IGWALA	EEGWAALA
CRAB	INKALANKALA	EENKAALAANKAALA

English	Zulu	Pronunciation
CRACK (N)	UMNKENKE / UFA	OOMNKE´NKE´ / OOFA
CRACK (V)	QHEKEKA	QE´KE´KAA
CRAMP (N)	INKWANTSHU	EENKWAANTSHOO
CRAWL (V)	KHASA	KAASA
CREAM	ULAZA / UKHILIMU	OOLAAZA / OOKEELEEMOO
CREASE (N)	IKHRISI	EEKREESEE
CREASE (V)	SHWABANA	SHWAABAANA
CREATURE	ISIDALWA	EESEEDAALWA
CREDIT (ON A/C)	UKUKWELETISA	OOKOOKWE´LE´TEESA
CREEPER	INTANDELA	EENTAANDE´LA
CRICKET	IKHILIKITHI	EEKEELEEKEETI
CRIME	UBUGEBENGU	OOBOOGE´BE´NGOO
CRIMINAL	ISIGEBENGU	EESEEGE´BE´NGOO
CRIPPLE (N)	UNYONGA	OONYO´NGA
CRIPPLE (V)	GOGA	GO´GA
CRITICISE (V)	HLABA / GXEKA	HLAABA / GXE´KA
CROCKERY	IZITSHA	EEZEETSHA
CROCODILE	INGWENYA	EENGWE´NYA
CROOKED	AMAGWEGWE	AAMAAGWE´GWE´
CROSS (V)	DABULA / WELA / EQA	DAABOOLA / WE´LAA / E´QAA
CROSS (TEMPER)	THUKUTHELA	TOOKOOTE´LLA
CROWD	ISIXUKU	EESEEXOOKOO
CRUEL	NONYA	NO´NYA
CRUMB	IMVUTHU	EEMVOOTOO
CRUMBLE (V)	BHUDUZA	BOODOOZA
CRUST	UQWEQWE	OOQWE´QWE´
CRY	KHALA	KAALA
CUBES	KYUBHU	KEEYOOBOO
CUBES - CUT INTO	SIKA IBE AMAKYUBHU	SEEKA EEBE´ AAMAAKEEYOOBOO
CUCUMBER	IKHUKHAMBA	EEKOOKAAMBA
CULPRIT	UMONI	OOMO´NEE
CULTIVATE (V)	LIMA	LEEMA
CULTURE	ISIKO / ISIKO SEMPUCUKO	EESEEKO´ / EESEEKO´ SE´MPOOCOOKO´
CUNNING	NOBUQILI	NO´BOOQEELEE
CUP	INKOMISHI	EENKO´MEESHEE
CUPBOARD	IKHABETHE	EEKAABE´TE´
CURDLE (V)	JIYA	JEEYA
CURE (V)	UKUPHILISA	OOKOOPEELEESA
CURRY	UKHALI	OOKAALEE
CURSE (N)	ISIQALEKISO	EESEEQAALE´KEESO´
CURTAIN	IKHETHINI	EEKE´TEENI
CUSHION	UMQAMELO / IKHUSHINI	OOMQAAME´LLO´ / EEKOOSHEENI
CUT (N)	UMSIKO	OOMSEEKO´
CUT (V)	SIKA	SEEKA
CUTLERY	IZINTO OKUDLIWA NGAZO	EEZEENTO´ O´KOODLEEWA NGAAZO´

D

DAILY	NSUKU ZONKE	NSOOKOO ZO´NKE´
DAM	IDAMU	EEDAAMOO
DAMAGE	UKULIMAZA	OOKOOLEEMAAZA
DAMAGE (V)	LIMAZA	LEEMAAZA
DAMP (A)	MANZANA	MAANZAANA
DAMP (N)	UBUMANZI	OOBOOMAANZI
DAMP (DAMPNESS)	UMSWAKAMA	OOMSWAAKAAMA
DANCE (V)	GIDA / DANSA	GEEDA / DAANSA
DANGER	INGOZI	EENGO´ZI
DANGEROUS	NENGOZI	NE´NGO´ZI
DARE (V)	LOKOTHA	LO´KO´TTA
DARK	UMNYAMA	OOMNYAAMA
DARKNESS	UBUMNYAMA	OOBOOMNYAAMA
DARN (V)	DANA	DAANA
DATE	USUKU / IDETHI	OOSOOKOO / EEDE´TEE (DATE)
DATE (V) - TO GO OUT	KHIPHA	KEEPA
DAUGHTER	INDODAKAZI	EENDO´DAAKAAZEE
DAUGHTER IN LAW	UMAKOTI	OOMAAKO´TTI
DAWN	UKUSA	OOKOOSA
DAY	USUKU	OOSOOKOO
DAZE (N)	UKUPHUPHUTHEKA	OOKOOPOOPOOTE´KKA
DAZED (A)	PHUPHUTHEKISA	POOPOOTE´KEESA
DEAD	FILE / SHONILE	FEELE´ / SHO´NEELE´
DEAF	NGENAKUZWA / NGEZWA	NGE´NAAKOOZWA / NGE´ZWAA
DEATH	UKUFA	OOKOOFA
DEBT	ISIKWELETU	EESEEKWE´LE´TOO
DECAY	BOLA	BO´LA (BALLA)
DECEASED	SHONILEYO	SHO´NEELE´YO´
DECEIT	INKOHLISO	EENKO´HLEESO´
DECEIVE	KHOHLISA	KO´HLEESA
DECIDE	NQUMA	NQOOMA
DECISION	ISINQUMO	EESEENQOOMO´
DECORATE	HLOBISA	HLO´BEESA
DECREASE (V)	NCIPHA / NCIPHISA	NCEEPA / NCEEPEESA
DEEP	SHONILE / JULILE	SHO´NEELE´ / JOOLEELE´
DELAY (V)	BAMBEZELA	BAAMBE´ZE´LA
DELICIOUS	MNANDI	MNAANDEE
DELIGHT (N)	INJABULO	EENJAABOOLO´
DELIGHT (V)	JABULISA	JAABOOLEESA
DELIVER	NIKEZA	NEEKE´ZA
DEMAND (V)	BIZA	BEEZA
DEMOLISH	DILIZA	DEELEEZA
DEMON	IDIMONI	EEDEEMO´NI
DEMONSTRATION	UKUBHIKISHA	OOKOOBEEKEESHA
DENTIST	UDOKOTELA WAMAZINYO	OODO´KO´TE´LLA WAAMAAZEENYO´

DENY	PHIKA	PEEKA
DEODORANT	ISIQEDAPHUNGA	EESEEQE´DAPOONGAA
DEPART	EMUKA / HLUKANA	E´MOOKA / HLOOKAANA
DEPOSIT	ISIBEKO	EESEEBE´KO´
DEPOSIT (V)	FAKA / BEKA	FAAKA / BE´KA
DESCEND	EHLA	E´HLA
DESERVE	FANELA	FAANE´LA
DESIRE (V)	KHANUKA	KAANOOKA
DESK	IDESKI	EEDE´SKI
DETECTIVE	UFOKISI	OOFO´KEESI
DETEST	ENYANYA	E´NYAANYA
DETOUR	UMSHEKELELO	OOMSHE´KE´LE´LO´
DEVIL	USATHANE	OOSAATAANE´
DIARRHOEA	UHUDO	OOHOODO´
DIE	- FA / I+FA / SHONA	- FAA / EEFA / SHO´NA
DIFFER	AHLUKANA	AAHLOOKAANA
DIFFERENT	AHLUKILE	AAHLOOKEELE´
DIFFERENCE	UMAHLUKO	OOMAAHLOOKO´
DIFFICULT	NZIMA / KULUKHUNI	NZEEMA / KOOLOOKOONI
DIG	-MBA / I+MBA	-MBAA / EEMBA
DILUTE	HLAMBULULA	HLAAMBOOLOOLA
DIM (STUPID)	FIPHELE	FEEPE´LE´
DINE	-DLA / I+DLA	- DLAA / EEDLA
DINING ROOM	IKAMELO LOKUDLELA	EEKAAME´LLO´ LO´KOODLE´LA
DINNER	IDINA	EEDEENA
DIP (INTO)	CWILISA	CWEELEESA
DIRECT (STRAIGHT)	QONDILE	QO´NDEELE´
DIRECT (V)	KHOMBISA	KO´MBEESA
DIRECTION (N)	INKOMBA	EENKO´MBA
DIRTY	NGCOLILE	NGCO´LEELE´
DISABLED	JIYELWE	JEEYE´LWE´
DISAGREE	PHAMBANA / NGAVUMELANI	PAAMBAANA / NGAAVOOME´LAANI
DISAGREEMENT	UKUPHAMBANA / UKUNGAVUMELANI	OOKOOPAAMBAANAA / OOKOONGAAVOOME´LAANI
DISAPPEAR	NYAMALALA	NYAAMAALAALA
DISAPPOINT	DUMAZA	DOOMAAZA
DISAPPOINTMENT	INDUMALO	EENDOOMAALO´
DISASTER	ISIDUMO / INJABHISO	EESEEDOOMO´ / EENJAABEESO´
DISCIPLINE	UMTHETHO	OOMTE´TO´
DISCONNECT	AHLUKANISA	AAHLOOKAANEESA
DISCOURAGE	KHUBAZA	KOOBAAZA
DISCOVER	FUMANISA / THOLA	FOOMAANEESA / TO´LAA
DISCRIMINATE	BANDLULULA	BAANDLOOLOOLA
DISCRIMINATION	UBANDLULULO	OOBAANDLOOLOOLO´
DISCUSS	XOXISANA NGA	XO´XEESAANA NGA
DISCUSSION	INGXOXO	EENGXO´XO´
DISEASE	ISIFO	EESEEFO´
DISGRACE	IHLAZO	EEHLAAZO´

DISGUST (N)	ISICASULO	EESEECAASOOLO´
DISH	INDISHI / ISITSHA	EENDEESHI / EESEETSHA
DISH (IN A DISH)	ESITSHENI	E´SEETSHE´NI
DISH UP	PHAKA / PHAKELA	PAAKA / PAAKE´LLA
DISHONEST	KHOHLISAYO / NGATHEMBEKILE	KO´HLEESAAYO´ / NGAATE´MBE´KEELE´
DISHONESTY	INKOHLISO / UKUNGATHEMBEKI	EENKO´HLEESO´ / OOKOONGAATE´MBE´KI
DISINFECT / KILL GERMS	BULALA AMAGCIWANE	BOOLAALA AAMAAGCEEWAANE´
DISINFECTANT	ISIHLANZISISI / ISIBULALAMAGCIWANE	EESEEHLAANZEESEE / EESEEBOOLAALAAMAAGCEEWAANE´
DISLOYALTY	UKUHLUBUKA	OOKOOHLOOBOOKA
DISMISS (V)	MUKISA / XOSHA	MOOKEESAA / XO´SHA
DISMISSAL	UKUXOSHWA / UKUMUKISWA UKUMUKISA /	OOKOOXO´SHWAA / OOKOOMOOKEESWAA / OOKOOMOOKEESAA /
DISOBEDIENCE	UKUNGALALELI	OOKOONGAALAALE´LI (EE)
DISOBEY	NGALALELI	NGAALAALE´LI (EE)
DISPUTE (V)	BANGA	BAANGA
DISREGARD	DELELA	DE´LE´LA
DISSATISFACTION	UKUNGENELISEKI	OOKOONGE´NE´LEESE´KI
DISSOLVE (MELT)	NCIBILIKISA	NCEEBEELEEKEESA
DISTRICT	ISIGODI	EESEEGO´DI
DISTRUST (N)	UKUNGATHEMBI	OOKOONGAATE´MBI
DISTRUST (V)	NGATHEMBI	NGAATE´MBI
DISTURB	PHAZAMISA	PAAZAAMEESA
DITCH	UMSELE	OOMSE´LE´
DIVE	CWILA	CWEELA
DIVORCE (N)	IDIVOSI / ISEHLUKANISO	EEDEEVO´SI / EESE´HLOOKAANEESO´
DIZZINESS	INZULULWANE	EENZOOLOOLWAANE´
DO	ENZA	E´NZA
DOCTOR	UDOKOTELA	OODO´KO´TE´LA
DOCUMENT	UMBHALO	OOMBAALO´
DOG	INJA	EENJA
DOLL	UDOLI	OODO´LLY / OODO´LI
DOMESTIC (A)	ASENDLINI	AASE´NDLEENI
DONATE	NIKELA	NEEKE´LAA
DONATION	UMNIKELO	OOMNEEKE´LO´
DONE	ENZIWE	E´NZEEWE´
DONKEY	IMBONGOLO	EEMBO´NGO´LO´
DOOR	UMNYANGO	OOMNYAANGO´
DOSE (N)	ITHAMO	EETAAMO´
DOUBLE (A)	PHINDIWE	PEENDEEWE´
DOUBLE (N)	OKUPHINDIWEYO	O´KOOPEENDEEWE´YO´
DOUBT	UKUNGABAZA / UKUSOLA	OOKOONGAABAAZAA / OOKOOSO´LA
DOUBT (V)	SOLA / NGABAZA	SO´LA / NGAABAAZA

DOUGH	INHLAMA	EENHLAAMA
DOWN	PHANSI	PAANSI
DOZE	HLWATHIZA	HLWAATEEZA
DOZEN	IDAZINI	EEDAAZEENI
DRAG	HUDULA	HOODOOLA
DRAIN (LIQUID)	CWENGA AMANZI	CWE´NGA AAMAANZI
DRAINED	AHLUZIWE	AAHLOOZEEWE´
DRAINPIPE	IPAYIPI	EEPAAYEEPEE
DRAW (PULL)	DONSA	DAWNSA / DO´NSA
DRAW (V)	DWEBA	DWE´BA
DREAD	UVALO	OOVAALO´
DREAM	IPHUPHO	EEPOOPO´
DREAM (V)	PHUPHA	POOPA
DRESS	ILOKWE / INGUBO	EELO´KWE´ / EENGOOBO´
DRESS (V)	GQOKISA	GQO´KEESA
DRINK	ISIPHUZO	EESEEPOOZO´
DRINK (V)	PHUZA	POOZA
DRIP	ICONSI	EECO´NSEE
DRIP (V)	CONSA	CO´NSA
DRIVE	SHAYELA	SHAAYE´LLA
DRIVER	UMSHAYELI	OOMSHAAYE´LI
DRIVEWAY	UMGWAQO OYA-ENDLINI	OOMGWAAQO´ O´YA - E´NDLEENI
DRIZZLE	KHIZA	KEEZA
DROOP	YENDA	YE´NDA
DROP (V)	WISA	WEESA
DROUGHT	UKOMISA KWEZULU	OOKO´MEESA KWE´ZOOLOO
DROWN	MINZA / MUKA	MEENZA / MOOKA
DROWSE	OZELA	O´ZE´LA
DRUG	ISIDAKAMIZWA	EESEEDAAKAA-MEEZWA
DRUG ADDICT	ISIGQILA SEZIDAKAMIZWA	EESEEGQEELAA SE´ZEEDAAKAAMEEZWA
DRUM	ISIGUBHU	EESEEGOOBOO
DRUMMER	UMSHAYI WESIGUBHU	OOMSHAAYI WE´SEEGOOBOO
DRUNK	DAKIWE	DAAKEEWE´
DRUNKARD	ISIDAKWA	EESEEDAAKWA
DRY	OMILE	O´MEELE´
DRY (V)	OMISA	O´MEESA
DRYCLEAN (V)	DRAYIKLINA	DRAAYEEKLEENA
DRYCLEANER (N)	ILONDOLO / UMDRAYIKLINI	EELONDO´LO´ / OOMDRAAYEEKLEENI
DUCK	IDADA	EEDAADA
DUMB	YISIMUNGULU	YEESEEMOONGOOLOO
DUST	UTHULI	OOTOOLI
DUST (V)	SULA UTHULI	SOOLA OOTOOLI
DUSTER	ISESULO SOTHULI / IDASTA	EESE´SOOLO´ SO´TOOLI / EEDAASTA
DUTY	IMFANELO / UMSEBENZI	EEMFAANE´LO´ / OOMSE´BE´NZEE
DWARF	ISICHWE	EESEECHWE´
DWELLING	IKHAYA	EEKAAYA

E

EACH	YILOWO	YEELO´WO´
EAGER	NKAMUNKAMU	NKAAMOONKAAMOO
EAGLE	UKHOZI	OOKO´ZEE
EAR	INDLEBE	EENDLE´BE´
EARACHE	UBUHLUNGU BENDLEBE	OOBOOHLOONGOO BE´NDLE´BE´
EARLY	MASISHA	MAASEESHA
EARN (V) - PRAISE	ZUZA	ZOOZA
EARN (V) - MONEY	HOLWA / HOLA	HO´LWA / HALLA
EARNINGS	IMALI	EEMAALI
	EHOLWAYO	E´HO´LWAAYO´ (E´HALL . . .)
EARRING	ICICI	EECEECEE
EARTH	UMHLABA	OOMHLAABA
EARTHQUAKE	INDUDUMELA YOMHLABA	EENDOODOOME´LA YO´MHLAABA
EARTHWORM	UMSUNDU	OOMSOONDOO
EASY	LULA	LOOLA
EASY TO COOK	OKULULA UKUPHEKWA	O´KOOLOOLA OOKOOPE´KWAA
EAT	IDLA / YIDLA	EEDLA / YEEDLAA
EDGE / ON THE EDGE	ICALA / ECELENI	EECAALA / E´CE´LE´NI
EDIBLE	DLEKAYO	DLE´KAAYO´
EDUCATE	FUNDISA	FOONDEESA
EDUCATION	IMFUNDO	EEMFOONDO´
EEL	UMBOKWANE	OOMBO´KWAANE´
EFFORT	UMZAMO	OOMZAAMO´
EFFORTLESS	KALULA	KAALOOLA
EGG	IQANDA	EEQAANDA
EGG - HARD	IQANDA ELIQINILE	EEQAANDA E´LEEQEENEELE´
EGG - SOFT	IQANDA ELITHAMBILE	EEQAANDA E´LEETAAMBEELE´
EGGBEATER	ISIPHEHLI-SAMAQANDA	EESEEPE´HLE- SAAMAAQAANDA
EGGSHELL	IGOBOLONDO LEQANDA	EEGO´BO´LO´NDO´ LE´QAANDA
EITHER - OR	NOMA MUPHI	NO´MMA MOOPI
ELAND	IMPOFU	EEMPO´FOO
ELASTIC	INJOLOBA	EENJO´LO´BA
ELBOW	INDOLOLWANE	EENDO´LO´LWAANE´
ELDEST	DALA KAKHULU	DAALA KAAKOOLOO
ELECT	KHETHIWE	KE´TEEWE´
ELECTION	UKHETHO	OOKE´TO´
ELECTRIC	KAGESI	KAAGE´SEE
ELECTRIC MIXER	UMSHINI WOKUXUBA	OOMSHEENI WO´KOOXOOBA
ELECTRICITY	UGESI	OOGE´SEE (OOGE´SSY)
ELEPHANT	INDLOVU	INDLO´VOO
ELIMINATE	SUSA	SOOSA
ELONGATE	ELULA	E´LOOLA
ELOPE	BALEKA	BAALE´KKA
ELSEWHERE	KWENYE INDAWO	KWE´NYE´ EENDAAWO´
EMACIATED	NCIPHILE	NCEEPEELE´
EMBARRASS	BANAMAHLONI	BAANAAMAAHLO´NI

EMBRACE (N)	UKUGONA	OOKOOGO´NNA
EMBRACE (V)	GONA	GO´NA
EMERGE	PHUMA	POOMA
EMERGENCY	INGOZI	EENGO´ZEE
EMIGRATE	THUTHELA KWELINYE IZWE	TOOTE´LLA KWE´LEENYE´ EEZWE´
EMPLOY (V)	QASHA	QAASHA
EMPLOYEE	ISISEBENZI	EESEESE´BE´NZEE
EMPLOYER	UMQASHI	OOMQAASHEE
EMPLOYMENT	UMSEBENZI	OOMSE´BE´NZI
EMPTY (A)	NGENALUTHO	NGE´NAALOOTO´
EMPTY (V)	CHITHA / THULULA	CEETA / TOOLOOLA
ENCLOSE	ZUNGEZELEKA / FAKA	ZOONGE´ZE´LE´KA / FAAKA
ENCOURAGE	KHUTHAZA	KOOTAAZA
END (N)	UKUGCINA	OOKOOGCEENA
END (V)	GCINA	GCEENA
ENDANGER	FAKA ENGOZINI	FAAKA E´NGO´ZEENEE
ENDEAR	THANDEKISA	TAANDE´KEESA
ENEMA	UCHATHO	OOCAATO´
ENEMY	ISITHA	EESEETA
ENERGETIC	KHUTHELE	KOOTE´LLE´
ENERGY	UMFUTHO	OOMFOOTO´
ENGAGED (BUSY)	BAMBEKILE	BAAMBE´KEELE´
ENGINE	INJINI	EENJEENI
ENGLISH	isiNGISI	eeseeNGEESEE
ENJOY	JABULELA	JAABOOLE´LA
ENLARGE	ANDISA / KHULISA	AANDEESA / KOOLEESA
ENORMOUS	KHULUKAZI	KOOLOOKAAZI
ENOUGH	ANELE	AANE´LE´
ENROL	JOYINA	JO´YEENA
ENSURE	QINISEKA	QEENEESE´KKA
ENTER	NGENA	NGE´NA
ENTIRE	PHELAYO	PE´LAAYO´
ENTRAILS	AMATHUMBU	AAMAATOOMBOO
ENTRY	UKUNGENA	OOKOONGE´NA
ENVELOPE	IMVILOPHU	EEMVEELO´POO
ENVY (N)	UMHAWU	OOMHAAWOO
ENVY (V)	HAWUKELA	HAAWOOKE´LLA
EQUAL	LINGENE	LEENGE´NE´
EQUAL (V)	LINGANA NA	LEENGAANA NA
ERASE	SULA	SOOLA
ERASER	ISESULO	EESE´SOOLO´
ERECT (V) / BUILD	AKHA / MISA	AAKA / MEESA
ERROR	ISIPHOSISO	EESEEPO´SEESO´
ERUPT	QHUMA	QOOMA
ESCAPE (V)	BALEKA	BAALE´KKA
ESCORT	UMPHELEZELI	OOMPE´LE´ZE´LEE
ESCORT (V)	PHELEZELA	PE´LE´ZE´LA
ESSENTIAL	FUNEKAYO	FOONE´KAAYO´

ETHNIC	KOHLOBO LOBUZWE	KO´HLO´BO´ LO´BOOZWE´
EVEN (A)	LINGENE	LEENGE´NE´
EVEN AMOUNT	LINGENE	LEENGE´NE´
EVENING	UKUHLWA	OOKOOHLWA
EVENT	ISEHLAKALO	EESE´HLAAKAALO´
EVERY	O- NKE	O´-NKE´
EVICT	XOSHA	XO´SHA
EVIDENCE	UBUFAKAZI	OOBOOFAAKAAZI
EVIL	I- BI	EE-BEE
EXACT	QINISILE	QEENEESEELE´
EXAMPLE	ISIBONELO	EESEEBO´NE´LO´
EXCEPT (FOR)	NGAPHANDLE KWA	NGAAPAANDLE´ KWAA
EXCUSE	IZABA	EEZAABA
EXCUSE (V)	XOLELA	XO´LE´LA
EXCERCISE	UMSEBENZI	OOMSE´BE´NZI
EXCERCISE (V)	SEBENZA	SE´BE´NZA
EXHALE	KHIPHA UMOYA	KEEPA OOMO´YA
EXIT (V)	PHUMA	POOMA
EXPECT	ETHEMBA / LINDELA	E´TE´MBA / LEENDE´LA
EXPENSES	IZINDLEKO	EEZEENDLE´KO´
EXPENSIVE	DULILE	DOOLEELE´
EXPERIENCE (N)	ULWAZI	OOLWAAZI
EXPERT	ISAZI	EESAAZI
EXPLAIN	CHAZA	CAAZA
EXPLORE	HLOLA	HLO´LA
EXPLOSION	UKUQHUMA	OOKOOQOOMA
EXTINGUISH	CIMA	CEEMA
EXTRA	NGAPHEZULU	NGAAPE´ZOOLOO
EYE	ISO	EESO´
EYEBROW	ISHIYA	EESHEEYA
EYELASH	UKHOPHE	OOKO´PPE´
EYELID	IJWABU LEHLO	EEJWAABOO LE´HLO´
EYEWITNESS	UFAKAZI	OOFAAKAAZI

F

FACE	UBUSO	OOBOOSO´
FACT	IQINISO	EEQEENEESO´
FACTORY	IFEKTHRI	EEFE´KTRI
FADE	FIPHALA	FEEPAALAA
FAECES	AMASIMBA	AAMAASEEMBA
FAIL (V)	HLULEKA	HLOOLE´KA
FAILURE	UKWAHLULEKA	OOKWAAHLOOLE´KA
FAINT (V)	QULEKA	QOOLE´KA
FAITH	ITHEMBA	EETE´MBA
FAITHFUL	THEMBEKILE	TE´MBE´KEELE´
FAKE (V)	KHOHLISA	KO´HLEESAA
FALL	I- WA	EE- WA
FAME	UDUMO	OODOOMO´
FAMILY	UZALO / UMNDENI	OOZAALO´ / OOMNDE´NI
FAMINE	INDLALA	EENDLAALA
FAMOUS	DUMILE	DOOMEELE´
FAN (N)	ISEPHEPHEZELO	EESE´PE´PE´ZE´LO´
FAR	KUDE	KOODE´
FARM	IPULAZI	EEPOOLAAZI
FARM (V)	LIMA	LEEMA
FARMER	UMLIMI	OOMLEEMI
FASHION	IMFESHINI	EEMFE´SHEENI
FAST	MASINYANE	MAASEENYAANE´
FASTEN	BOPHA	BO´PPA
FAT	KHULUPHELE	KOOLOOPE´LE´
FAT (N)	AMAFUTHA	AAMAAFOOTA
FATHER	UBABA	OOBAABA
FATHER-IN-LAW	UBABEZALA	OOBAABE´ZAALA
FATIGUE	UKUKHATHALA	OOKOOKAATAALA
FAULT	ISIPHOSISO	EESEEPO´SEESO´
FAVOUR	UMUSA	OOMOOSA
FAVOUR (V)	KHETHA	KE´TTA
FAVOURITE	KHETHEKAYO	KE´TE´KAAYO´
FEAR	UKWESABA	OOKWE´SAABA
FEAR (V)	ESABA	E´SAABA
FEAST	IDILI	EEDEELI
FEAST (V)	DIKIZA	DEEKEEZA
FEATHER	UPHAPHE	OOPAAPE´
FEED (V)	PHAKELA	PAAKE´LLA
FEEL (V)	I - ZWA	EE-ZWA
FEMALE	ISIFAZANE	EESEEFAAZAANE´
FENCE (WIRE)	UCINGO	OOCEENGO´
FESTER	VUNDA	VOONDA
FETCH	LANDA	LAANDA
FEVER	IMFIVA	EEMFEEVA
FEW	NCANE / MBALWA	NCAANE´ / MBAALWA

FIELD	INDAWO YASENDLE	EENDAAWO´ YAASE´NDLE´
FIERCE	NOLAKA	NO´LAAKA
FIGHT	UKULWA	OOKOOLWA
FILL	GCWALISA	GCWAALEESA
FILLING	OKUGCWALISAYO	O´KOOGCWAALEESAAYO´
FILTH	UDOTI	OODO´TTI
FINAL	ISIGCINO / ISIPHETHO	EESEEGCEENO´ / EESEEPE´TO´
FIND	THOLA	TO´LLA
FINGER	UMUNWE	OOMOONWE´
FINGERNAIL	UZIPHO	OOZEEPO´
FINGERPRINTS	IMINWE	EEMEENWE´
FINISH (N)	UKUPHELA	OOKOOPE´LLA
FINISH (V)	PHELISA / QEDA	PE´LEESA / QE´DA
FIRE	UMLILO	OOMLEELO´
FIREPLACE	IZIKO	EEZEEKO´
FIREWOOD	IZINKUNI	EEZEENKOONI
FIRM (HARD)	QINILE	QEENEELE´
FIRST	UKUQALA	OOKOOQAALA
FIRST AID	USIZO LOKUQALA	OOSEEZO´ LO´KOOQAALA
FIRSTBORN	IZIBULO	EEZEEBOOLO´
FISH	INHLANZI	EENHLAANZI
FISH (V)	DOBA	DO´BA
FISHING ROD	UDOBO / UTHI LOKUDOBA	OODO´BO / OOTI LO´KOODO´BA
FISHMOTH	UMVUNYA	OOMVOONYA
FIST	INQINDI	EENQEENDI
FIT (V)	LINGANA	LEENGAANA
FIX	LUNGISA	LOONGEESA
FLASH (TORCH)	UMBANI / UKUKHANYA	OOMBAANI / OOKOOKAANYAA
FLASHLIGHT	ITHOSHI	EETO´SHEE
FLAVOUR	ISINANDISI	EESEENAANDEESEE
FLAVOUR (V)	NANDISA	NAANDEESA
FLEA	IZEZE	EEZE´ZE´
FLESH	INYAMA	EENYAAMA
FLOOR	IPHANSI	EEPAANSEE
FLOUR	UFULAWA	OOFOOLAAWA
FLOWER	IMBALI	EEMBAALI
FLUID	NGAMANZI	NGAAMAANZI
FLY (N)	IMPUKANE	EEMPOOKAANE´
FLY (V)	NDIZA	NDEEZA
FOE	ISITHA	EESEETA
FOG	INKUNGU	EENKOONGOO
FOLD (N)	UMPHECO	OOMPE´CO´
FOLD (V)	PHECA / SONGA	PE´CA / SO´NGA
FOLLOW	LANDELA	LAANDE´LA
FOOD	UKUDLA	OOKOODLA
FOOL	ISILIMA	EESEELEEMA
FOOT	UNYAWO	OONYAAWO´
FOR	NGA-	NGAA-
FORBID	ALA	AALA

FORCE (N)	AMANDLA	AAMAANDLA
FORCE (V) - PRESS	CINDEZELA	CEENDE´ZE´LA
FOREST	IHLATHI	EEHLAATI
FORGET	KHOHLWA	KO´HLWA
FORGIVE	XOLELA	XO´LE´LA
FORK	IMFOLOGO	EEMFO´LO´GO´
FORTUNATELY	NGENHLANHLA	NGE´NHLAANHLA
FORWARD	NGAPHAMBILI	NGAAPAAMBEELEE
FOWL	INKUKHU	INKOOKOO
FREE (V)	KHULULA	KOOLOOLA
FREEDOM	INKULULEKO	EENKOOLOOLE´KO´
FREEZE	QANDISA	QAANDEESA
FREEZER	ISIQANDISI	EESEEQAANDEESEE
FRESH	I- SHA	EE-SHA
FRIDGE	IFRIJI	EEFREEJEE
FRIDGE - INSIDE	EFRIJINI	E´FREEJEENI
FRIEND	UMNGANE	OOMNGAANE´.
FRIENDSHIP	UBUNGANE	OOBOONGAANE´
FRIGHTEN	ETHUSA	E´TOOSA
FROG	ISELE	EESE´LE´
FROM	KUSUKA KU -	KOOSOOKA KOO -
FRONT	PHAMBILI	PAAMBEELEE
FROST	ISITHWATHWA	EESEETWAATWAA
FROWN (V)	HWAQABALA / HWAQA	HWAAQAABAALA / HWAAQA
FRUIT	ISITHELO	EESEETE´LLO´
FRY	THOSA	TO´SSA
FRYING PAN	IPANI LOKUTHOSA	EEPAANEE LO´KOOTHO´SA
FUEL (FIRE)	ISIBASI	EESEEBAASI
FULL	GCWELE	GCWE´LE´
FUN	UKUDLALA	OOKOODLAALA
FUNERAL	UMNGCWABO	OOMNGCWAABO´
FUNNEL	ISETHO / IFONELA	EESE´TO´ / EEFO´NE´LA
FUNNY	HLEKISAYO	HLE´KEESAAYO´
FUR	UBOYA	OOBO´YA
FURNITURE	IFENISHA	EEFE´NEESHA
FURTHER	PHAMBILI	PAAMBEELEE

G

GAIN	INZUZO	EENZOOZO´
GAIN (V)	ZUZA	ZOOZA
GAME (PLAY)	UMDLALO	OOMDLAALO´
GANG	IGENGE	EEGE´NGE´ / EEGANGE´
GARAGE	IGALAJI	EEGAALAAJEE
GARDEN	INGADI	EENGAADI
GARGLE	HAHAZA	HAAHAAZA
GARLIC	UGALIKI	OOGAALEEKEE
GAS	IGESI	EEGE´SEE
GASP	BEFUZELA	BE´FOOZE´LLA
GASTRIC	OKUSESISWINI	O´KOOSE´SEESWEENI
GATE	ISANGO	EESAANGO´
GENTLE	MNENE	MNE´NE´
GENTLY	NGOBUNONO	NGO´BOONO´NO´
GERM	IGCIWANE	EEGCEEWAANE´
GET	THOLA	TO´LLA
GHOST	ISIPOKI	EESEEPO´KI
GIDDY	NESIZUNGUZANE	NE´SEEZOONGOOZAANE´
GILL (FISH)	ISIPHEFUMULO	EESEEPE´FOOMOOLO´
GIRL	INTOMBAZANE	INTO´MBAAZAANE´
GIRLFRIEND	INTOMBI	INTO´MBI
GIVE	I- PHA	EE-PAA
GLAD	JABULILE	JAABOOLEELE´
GLAND	INDLALA	EENDLAALA
GLASS	INGILAZI	EENGEELAAZI
GLASSES - ONE WHO WEARS	MEHLOMANE	ME´HLO´MAANE´ (FOUR EYES)
GLOVE	IGILAVU	EEGEELAAVOO
GLOW (V)	NKEMUZELA	NKE´MOOZE´LLA
GLUE (V)	NAMATHELISA	NAAMAATE´LEESA
GLUE (N)	ISINAMATHELISI	EESEENAAMAATE´LEESEE
GO	- YA / HAMBA	-YA / HAAMBA
GOD	UNKULUNKULU	OONKOOLOONKOOLOO
GOOD	MU-HLE / KU-HLE	MOOHLE´ / KOOHLE´
GOODS	IZIMPAHLA	EEZEEMPAAHLA
GOVERNMENT	UHULUMENI	OOHOOLOOME´NI
GRAIN	UHLAMVU	OOHLAAMVOO
GRANDCHILD	UMZUKULU	OOMZOOKOOLOO
GRANDFATHER	UBABAMKHULU / UMKHULU	OOBAABAAMKOOLOO / OOMKOOLOO
GRANDMOTHER	UGOGO	OOGO´GO´
GRANDSON	UMZUKULU WESILISA	OOMZOOKOOLOO WE´SEELEESA
GRAPES	AMAGREBHISI	AAMAAGRE´BEESEE
GRASP (V)	BAMBA	BAAMBA
GRASS	UTSHANI	OOTSHAANI
GRATE (V)	KHUHLUZA / GRETHA	KOOHLOOZA / GRE´YTA

GRATED (CHEESE)	OGREYTHIWE	O´GRE´YTEEWE´
GRATEFUL	BONGAYO	BO´NGAAYO´
GRATER	IGRETHA	EEGRE´YTA / EEGRE´TA
GRAVE (SAD)	NZIMA	NZEEMA
GRAVE (N)	ITHUNA	EETOONA
GRAVEL	UHLALWANE	OOHLAALWAANE´
GRAVY	UMHLUZI	OOMHLOOZEE
GREASE	IGRISI	EEGREESEE
GREASE (V -PAN)	GCOBA	GCO´BA
GREEN	LUHLAZA	LOOHLAAZA
GREENPEPPER	UPELEPELE OLUHLAZA	OOPE´LE´PE´LE´ O´LOOHLAAZA
GREET	BINGELELA	BEENGE´LE´LA
GRILL (N)	INSIMBI YOKOSA	EENSEEMBEE YO´KO´SSA
GRILLED (A)	EGRILIWE	E´GREELEEWE´
GRIN	SINEKA	SEENE´KKA
GRIND	GAYA	GAAYA
GROAN (V)	BUBULA	BOOBOOLA
GROCERIES	IGILOSA	EEGEELO´SSA
GROUND (SAND)	UMHLABATHI	OOMHLAABAATI
GROW	MILA / KHULA	MEELA / KOOLA
GROWL (DOG)	HHAHHAMA	HHAAHHAAMA
GRUMBLE	KHONONDA	KO´NO´NDA
GUARANTEE (V)	QINISEKISA	QEENEESE´KEESA
GUARANTEE (N)	ISIQINISEKISO	EESEEQEENEESE´KEESO´
GUARD (N)	UGADI	OOGAADI
GUARD (V)	GADA	GAADA
GUILT	ICALA	EECAALA
GUILTY	NECALA	NE´CAALA
GUINEAFOWL	IMPANGELE	IMPAANGE´LE´
GUM (TEETH)	INSINI	EENSEENEE
GUN	ISIBHAMU	EESEEBAAMOO
GUTTER	UGATHA / UGEDASI	OOGAATA / OOGE´DAASI

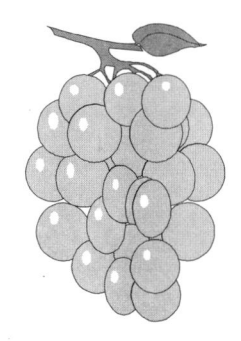

H

HABIT	INJWAYELO	EENJWAAYE´LO´ (YELLOW)
HAEMORRHAGE	UMOPHO	OOMO´PO´
HAIR	IZINWELE	EEZEENWE´LE´
HAIRDRESSER	UMCWALI WEZINWELE	OOMCWAALI WE´ZEENWE´LE´
HAIRY	NOBOYA	NO´BO´YA
HALF	UHHAFU / INGXENYE	OOHAAFOO / EENGXE´NYE´
HALL	IHHOLO	EEHALLO´ (HO´LO´)
HALT	I-MA / U-MA	EEMA / OOMA
HALVE	CAZA KABILI	CAAZA KAABEELEE
HAM	IHEMU	EEHE´MOO
HAMBURGER	IHEMBHEGA	EEHE´MBE´GA
HAMMER	ISANDO	EESAANDO´
HAND	ISANDLA	EESAANDLA
HANDKERCHIEF	IDUKU	EEDOOKOO
HANDLE (N)	ISIBAMBO	EESEEBAAMBO´
HANDWRITING	ISANDLA	ISAANDLA
HANG (WASHING)	LENGISA / NEKA	LE´NGEESA / NE´KA
HAPPEN	ENZEKA	E´NZE´KA
HAPPINESS	INJABULO	EENJAABOOLO´
HAPPY	JABULA	JAABOOLA
HARD (A)	LUKHUNI	LOOKOONI
HARD (DIFFICULT)	NZIMA	NZEEMA
HARM	UKULIMALA	OOKOOLEEMAALA
HARMFUL	NENGOZI	NE´NGO´ZEE
HARMLESS	NGENANGOZI	NGE´NAANGO´ZEE
HARVEST (V)	VUNA	VOONA
HASTE	UKUSHESHISA	OOKOOSHE´SHEESA
HASTY	SHESHISA	SHE´SHEESA
HAT	ISIGQOKO	EESEEGQO´KO´
HATE	ZONDA	ZO´NDA
HAVE	-NA (BA-NA)	-NAA (BAA-NAA)
HE	YENA	YE´NA
HEAD	IKHANDA	EEKAANDA
HEADACHE	UKUPHATHWA IKHANDA	OOKOOPAATWA EEKAANDA
HEAL	ELAPHA	E´LAAPA
HEALTH	IMPILO	EEMPEELO´
HEALTHY	PHILILE	PEELEELE´
HEAP (N)	INQWABA	EENQWAABA
HEAP (V)	NQWABELA	NQWAABE´LA
HEAR	I - ZWA	EE- ZWA
HEART	INHLIZIYO	EENHLEEZEEYO´
HEARTBURN	ISILUNGULELA	EESEELOONGOOLE´LA
HEARTH	IZIKO	EEZEEKO´
HEAT (N)	UKUSHISA	OOKOOSHEESA
HEAT UP (FOOD)	FUDUMEZA	FOODOOME´ZA
HEAVEN	IZULU	EEZOOLOO

English	Zulu	Pronunciation
HEAVY	SINDA	SEENDA
HEDGE	UTHANGO	OOTAANGO´
HEIFER	ISITHOLE	EESEETO´LLE´
HEIGHT	UKUPHAKAMA	OOKOOPAAKAAMA
HEIGHT - TALL	UBUDE	OOBOODE´
HELLO	SAWUBONA	SAAWOOBO´NA
HELLO - TO A MALE FRIEND	SAWUBONA UMFO	SAAWOOBO´NA OOMFO´
HELLO -TO FEMALE FRIEND	SAWUBONA SISI / GOGO	SAAWOOBO´NA SEESI / GO´GO´
HELP (N)	USIZO	OOSEEZO´
HELP (V)	SIZA	SEEZA
HELPFUL	SIZAYO	SEEZAAYO´
HELPLESS	THITHIBELE / NGENASIZO	TEETEEBE´LE´ / NGE´NAASEEZO´
HEM (N)	UMTHUNGO / UMPHETHO	OOMTOONGO´ / OOMPE´TO´
HEN	INKUKHU	EENKOOKOO
HER	YENA	YE´NA
HERBS	IKHAMBI	EEKAAMBEE
HERD (N)	UMHLAMBI	OOMHLAAMBI
HERD (V)	LUSA	LOOSA
HERE	LAPHA	LAAPA
HERS	OKWAKHE	O´KWAAKE´
HICCOUGH	INTWABI	EENTWAABI
HIDDEN	FIHLIWE	FEEHLEEWE´
HIDE (V)	FIHLA	FEEHLA
HIGH	PHAKEME / —DE	PAAKE´ME´ / —DE´
HIJACK (V)	UKUBAMBA INKUNZI	OOKOOBAAMBA EENKOONZI
HIM	YENA	YE´NA
HINGE	IHINJI	EEHEENJEE
HIP	INQULU	EENQOOLOO
HIPPOPOTAMUS	IMVUBU	EEMVOOBOO
HIRE	QASHA	QAASHA
HIS	OKWAKHE	O´KWAAKE´
HIT	SHAYA	SHAAYA
HOBBY	UMSEBENZANA	OOMSE´BE´NZAANA
HOCKEY	IHOKHI	EEHO´KI
HOCKEY STICK	INDUKU YEHOKHI	EENDOOKO YE´HO´KI
HOE	IKHUBA / IGEJA	EEKOOBA / EEGE´JA
HOE (V)	HLAKULA	HLAAKOOLA
HOLD	UKUBAMBA	OOKOOBAAMBA
HOLD (V)	BAMBA	BAAMBA
HOLE (N)	UMGODI / IMBOBO	OOMGO´DI / EEMBO´BO´
HOLES - MAKE HOLES	VULA IZIMBOBO	VOOLA EEZEEMBO´BO´
HOLIDAY	IHOLIDE	EEHO´LEEDAY (DE´)
HOME	IKHAYA	EEKAAYA
HOMEWORK	UMSEBENZI WASEKHAYA	OOMSE´BE´NZEE WAASE´KAAYA
HOMOSEXUAL	ISITABANE	EESEETAABAANE´
HONEST	QOTHO / THEMBEKILE	QO´TO´ / TE´MBE´KEELE´
HONESTY	UBUQOTHO / UKUTHEMBEKA	OOBOOQO´TO´ / OOKOOTE´MBE´KA
HONEY	UJU	OOJOO

English	Zulu	Pronunciation
HONEYMOON	IHANIMUNI	EEHAANEEMOONI
HONOUR (V)	HLONIPHA	HLO´NEEPA
HOOF	ISONDO	EESO´NDO´
HOOK	IHHUKA	EEHOOKA
HOOK (V)	HHUKA	HHOOKA
HOOT (V)	PAPAZA / SHAYA IHUTHA	PAAPAAZA / SHAAYA EEHOOTA
HOP	KHELEZA	KE´LE´ZA
HOPE	ITHEMBA	EETE´MBA
HORN	UPHONDO	OOPO´NDO´
HORROR	OKWESABEKAYO	OOKWE´SAABE´KAAYO´
HORSE	IHHASHI	EEHAASHI
HOSE	ITHUMBU	EETOOMBOO
HOSPITAL	ISIBHEDLELA	EESEEBE´DLE´LA
HOT	FUDUMELE	FOODOOME´LE´
HOT - AS IN CURRY	OBABAYO	O´BAABAAYO´
HOTEL	IHHOTELA	EEHO´TE´LLA
HOUR	I- AWA / IHORA	EE-AAWA / EEHO´RA
HOUSE	INDLU	EENDLOO
HOUSE (V)	HLALISA	HLAALEESA
HOW	KANJANI	KAANJAANI
HUMANITY	UBUNTU	OOBOONTOO
HUMID	MANZANA	MAANZAANA
HUMOUR	INHLIZIYO	EENHLEEZEEYO´
HUNDRED	IKHULU	EEKOOLOO
HUNGER	UKULAMBA	OOKOOLAAMBA
HUNGRY	LAMBILE	LAAMBEELE´
HUNTER	UMZINGELI	OOMZEENGE´LI
HURRY	PHANGISA / SHESHA / PHUTHUMA	PAANGEESA / SHE´SHAA / POOTOOMA
HURT (V)	LIMAZA	LEEMAAZA
HUSBAND	UMYENI / INDODA / UMKHWENYANA	OOMYE´NEE / EENDO´DA / OOMKWE´NYAANAA
HUT	IQHUGWANE / INDLU YOTSHANI	EEQOOGWAANE´ / EENDLOO YO´TSHAANI
HYENA	IMPISI	EEMPEESEE
HYGIENE	INHLANZEKO	INHLAANZE´KO´
HYPNOTISE	LUTHA	LOOTA
HYPNOTIST	UMLUTHI	OOMLOOTEE

I

I	NGI	NGEE
ICE	IQHWA	EEQWA
ICECREAM	AYISIKHILIMU	AAYEESEEKEELEEMOO
ICING	AYISINGI	AAYEESEENGI
IDENTIFY (V)	KHOMBA	KO´MBA
IDIOT	ISILIMA	EESEELEEMA
IF	UMA	OOMA
IF YOU LIKE	UMA UTHANDA	OOMA OOTAANDA
IGNORE	NGANAKI	NGAANAAKI
ILL	GULA	GOOLA
ILL TREAT	PHATHA KABI	PAATA KAABI
IMMEDIATE	MANJE	MAANJE´
IMMIGRATE	FIKA EZWENI	FEEKA E´ZWE´NI
IMMORAL PERSON	ONGENASIMILO	O´NGE´NAASEEMEELO´
IMPOLITE	NGAHLONIPHI	NGAAHLO´NEEPEE
IMPORTANT	QAVILE / BALULEKILE	QAAVEELE´ / BAALOOLE´KEELE´
IN (INSIDE)	PHAKATHI KWA	PAAKAATI KWA
INAUDIBLE	NGEZWAKALI	NGE´ZWAAKAALI
INCOME	IHOLO	EEHO´LO´ (EEHALLO´)
INCORRECT	NGALUNGILE	NGAALOONGEELE´
INCREASE (V)	UKUKHULA / ANDISA	OOKOOKOOLA / AANDEESA
INFANT	USANA / INGANE	OOSAANA / EENGAANE´
INFECT	THELELA	TE´LLE´LA
INFLATE (AIR)	FUTHA	FOOTA
INFORMATION	UMBIKO / ULWAZI	OOMBEEKO´ / OOLWAAZI
INGREDIENTS	IZITHAKO	EEZEETAAKO´
INJECTION	UMJOVO	OOMJO´VO´
INJURY	INGOZI	EENGO´ZEE
INOCULATE	JOVA	JAWVA (JO´VA)
INQUIRE	BUZA	BOOZA
INSIDE	PHAKATHI	PAAKAATI
INSPECT	HLOLA	HLO´LA
INSTANTLY	KHONA MANJE	KO´NA MAANJE´
INSTRUCT	FUNDISA	FOONDEESA
INSULT (V)	THUKA	TOOKA
INTERPRET	HUMUSHA	HOOMOOSHA
INTERVIEW	INGXOXO	EENGXO´XO´
INTRODUCE	ETHULA	E´TOOLA
INVESTIGATE	HLOLA / PHENYA	HLO´LA / PE´NYA
INVITATION	ISIMEMO	EESEEME´MO´
INVITE (V)	MEMA	ME´MA
IRON (N)	INSIMBI YOKU-AYINA	EENSEEMBI YO´KOO - AAYEENA
IRON (V)	AYINA	AAYEENA
IT	LOKHU	LAWKOO (LO´KOO)

J

JACKAL	IMPUNGUSHE	EEMPOONGOOSHE´
JACKET	IBHANTSHI	EEBAANTSHEE
JAIL	IJELE	EEJAILE´ (EEJE´LE´)
JAM	UJAMU	OOJAAMOO
JAR	IMBIZANA	EEMBEEZAANA
JELLY	UJELI	OOJELLY (OOJE´LEE)
JEALOUS	NOMONA	NO´MO´NA
JEALOUSY	UMONA	OOMO´NA
JERSEY	IJEZI	EEJE´ZI
JESUS	uJESU	ooJE´SOO
JEWEL	ITSHANA ELIYIGUGU	EETSHAANA E´LEEYEEGOOGOO
JOB	UMSEBENZI	OOMSE´BE´NZEE
JOCKEY	UJOKI	OOJO´KEE
JOG	DLEDLEZELA / GIJIMA	DLE´DLE´ZE´LA / GEEJEEMA
JOIN (V)	HLANGANISA	HLAANGAANEESA
JOKE	IHLAYA	EEHLAAYA
JOURNEY	UHAMBO	OOHAAMBO´
JOY	INJABULO	EENJAABOOLO´
JUDGE (N)	IJAJI	EEJAAJEE (EEJUDGI)
JUG	UJEKE	OOJE´KE´
JUICE	IJUSI	EEJOOSEE
JUMP	GXUMA	GXOOMA
JUNGLE	IHLATHI	EEHLAATI

K

KEEN	SHISEKELA	SHEESE´KE´LA
KEEP (V)	GCINA	GCEENA
KENNEL	INDLU YENJA	EENDLOO YE´NJA
KETTLE	IGEDLELA / IKETELO	EEGE´DLE´LA / EEKE´TE´LO´
KEY	UKHIYE	OOKEEYA
KICK	KHAHLELA	KAAHLE´LAA
KIDNEY	INSO	EENSO´
KILL	BULALA	BOOLAALA
KIND	NOMUSA	NO´MOOSA
KIND (N)	UHLOBO	OOHLO´BO´
KINDNESS	UMUSA	OOMOOSA
KING	INKOSI	EENKO'SI
KINGDOM	UBUKHOSI	OOBOOKO´SI
KISS (N)	UKUQABULA	OOKOOQAABOOLA
KISS (V)	QABULA	QAABOOLA
KITCHEN	IKHISHI	EEKEESHEE
KNEAD (V)	XOVA	XO´VA
KNEE	IDOLO	EEDO´LO´
KNEEL	GUQA	GOOQA
KNIFE	UMMESE	OOME´SSE´
KNIT	NITHA	NEETA
KNOCK	NGQONGQOZA	NGQO´NGQO´ZA
KNOCK KNOCK	NGQO NGQO	NGQO´ NGQO´
KNOT (N)	IFINDO	EEFEENDO´
KNOT (V)	BOPHA IFINDO	BO´PA EEFEENDO´
KNOW	AZI	AAZEE
KNOWLEDGE	ULWAZI	OOLWAAZI

L

LABEL (N)	ILEBULA	EELE´BOOLA
LABOUR (N)	UMSEBENZI	OOMSE´BE´NZI
LABOUR (V)	SEBENZA	SE´BE´NZA
LACK (V)	NTULA	NTOOLA
LADDER	ISIKHWELO / ILATA	EESEEKWE´LO´ / EELAATA
LADLE (N)	INDEBE	EENDE´BE´
LADY - MARRIED	INKOSIKAZI	INKO´SEEKAAZI
LAMP	ISIBANI / ILAMBU	EESEEBAANI / EELAAMBOO
LAND	UMHLABA	OOMHLAABA
LANGUAGE	ULIMI	OOLEEMEE
LARGE	KHULU	KOOLOO
LAST	GCINAYO	GCEENAAYO´
LATE (ARRIVING)	PHUZILE	POOZEELE´
LATE (EVENING)	SHONILE	SHO´NEELE´
LAUGH (V)	HLEKA	HLE´KA
LAUNDRY	ILONDOLO	EELO´NDO´LO´
LAW	UMTHETHO	OOMTE´TO´
LAWN	UTSHANI	OOTSHAANI
LAWYER	UMMELI	OOME´LI
LAY (TABLE)	DEKA	DE´KA
LAYERED	OWENZIWE IZILAYI	O´WE´NZEEWE´ EEZEELAAYI
LAZY (PERSON)	LIVILA	LEEVEELA
LEAD (V)	HAMBA PHAMBILI	HAAMBA PAAMBEELI
LEAF	IKHASI / IHLAMVU	EEKAASI / EEHLAAMVOO
LEAK (V)	VUZA	VOOZA
LEARN	FUNDA	FOONDA
LEAVE (N)	ILIVI	EELEEVEE
LEAVE (V)	SHIYA	SHEEYA
LEFTOVER	INSALELA / SALA	INSAALE´LA / SAALA
LEG	UMLENZE	OOMLE´NZE´
LEMON	ULAMULA	OOLAAMOOLA
LEND	BOLEKISA	BO´LE´KEESA
LESSEN (V)	NCIPHISA	NCEEPEESA
LESSON	ISIFUNDO	EESEEFOONDO´
LETTER	INCWADI	INCWAADI
LETTUCE	ULETISI	OOLE´TEESEEE
LEVEL (N)	ILEVELI	EELE´VE´LEE
LIAR	UMQAMBI MANGA	OOMQAAMBI MAANGA
LIBRARY	ILAYIBHRARI	EELAAYEEBRAARI
LICENCE	ILAYISENSE	EELAAYEESE´NSE´
LICK	KHOTHA	KO´TA
LID	ISIVALO	EESEEVAALO´
LIE (N) - LIAR	AMANGA	AAMAANGA
LIE (SLEEP)	LALA	LAALA
LIFE	IMPILO	EEMPEELO´
LIFT (ELEVATOR)	ILIFTI	EELEEFTI

LIFT (RAISE)	PHAKAMISA	PAAKAAMEESA
LIGHT (N)	UKUKHANYA	OOKOOKAANYA
LIKE (SAME)	NJENGA	NJE´NGA
LIKE (LOVE)	THANDA	TAANDA
LINE	INTAMBO / UMUGQA	INTAAMBO´ / OOMOOGQA
LINEN	ILINENI	EELEENE´NI / EELINEN (ENG)
LION	IBHUBESI	EEBOOBE´SSI
LIP	UDEBE	OODE´BBE´
LIQUID	MANZI	MAANZEE
LIQUIDISER	ISENZALUKETSHEZI	EESE´NZAALOOKE´TSHE´ZEE
LIQUOR	UGOLOGO	OOGO´LO´GO´
LISTEN	LALELA	LAALE´LA
LITTLE	NCANE	NCAANE´
LIVE	PHILA	PEELA
LIVER	ISIBINDI	EESEEBEENDI
LOAD	UMTHWALO	OOMTWAALO´
LOAD (V)	LAYISHA	LAAYEESHA
LOAF	ISINKWA	EESEENKWA
LOAN	ISIKWENETHU / ISIKWELETHU	EESEEKWE´NE´TOO / EESEEKWE´LE´TOO
LOATHE	ENYANYA	E´NYAAYNA
LOCK (N)	ISIKHIYE	EESEEKEEYE´
LOCK (V)	KHIYA	KEEYA
LOG	UGODO	OOGO´RDOOR / OOGO´DO´
LONG	(KU) - DE	(KOO) -DE´
LONG (FOR)	LANGAZELA	LAANGAAZE´LA
LOOK	UKUBHEKA	OOKOOBE´KA
LOOK (V)	BHEKA	BE´KA
LOOSE (NOT TIGHT)	XEGEZELA	XE´GE´ZE´LA
LORRY	ILOLI	EELOLLY /EELO´LEE
LOSE (V)	LAHLEKELWA	LAAHLE´KE´LWA
LOSS	UKULAHLEKELWA	OOKOOLAAHLE´KE´LWA
LOST	LAHLEKELWE	LAAHLE´KE´LWE´
LOUD	NOMSINDO	NO´MSEENDO´
LOUNGE	ILAWUNJI	EELOUNGE / EELAAWOONJI
LOVE	UTHANDO	OOTAANDO´
LOW	EHLILE	E´HLEELE´
LOW HEAT	EMLILWENI OPHANSI	E´MLEELWE´NI O´PAANSEE
LOWER HEAT (V)	YEHLISA UMLILO	YE´HLEESA OOMLEELO´
LOWER (UNDER)	NGAPHANSANA	NGAAPAANSAANA
LOYAL	THEMBEKILE	TE´MBE´KEELE´
LUCK	INHLANHLA	EENHLAANHLA
LUGGAGE	IZIMPAHLA YENDLELA / IZIMPAHLA	EEZEEMPAAHLA YE´NDLE´LA / EEZEEMPAAHLA
LUKE WARM	MTHUKU	MTOOKOO
LUMP	ISIGAXA	EESEEGAAXA
LUNCH	IDINA	EEDEENA
LUNG	IPHAPHU	EEPAAPOO
LURE (V)	YENGA	YE´NGA

M

MACCARONI	MAKHARONI	MAAKAARO´NEE
MACHINE	UMSHINI	OOMSHEENI
MAD	LUHLANYA / UHLANYA	LOOHLAANYA / OOHLAANYA
MAGGOT	ISIBUNGU	EESEEBOONGOO
MAIL (N)	IPOSI	EEPO´SSI
MAIM	LIMAZA	LEEMAAZA
MAINTAIN -FAMILY	ONDLA	O´NDLA
MAINTENANCE	ISONDLO	EESO´NDLO´
MAIZE	UMMBILA	OOMBEELA
MAKE (N)	UHLOBO	OOHLO´BO´
MAKE (V)	ENZA	E´NZA
MAN - WHEN GREETING	UMFO / MFO	OOMFO´ / MFO´
	SAWUBONA MFO	SAAWOOBO´NA MFO´
MAN	INDODA	INDOORDA / INDO´DA
MANAGE	PHATHA	PAATA
MANAGE - ABLE TO	... KWAZI	... KWAAZI
MANAGER	UMPHATHI	OOMPAATI
MANURE	UMQUBA	OOMQOOBA
MANY	NINGI	NEENGEE
MARCH (V)	MASHA	MAASHA
MARK (N)	ISICI / IBALA	EESEECEE / EEBAALA
MARK (V)	MAKA	MAAKA
MARKET	IMAKETHE	EEMAAKE´TE´
MARRIAGE	UMSHADO	OOMSHAADO´
MARRY (V)	SHADA	SHAADA
MASH (POTATO)	IMESHI	EEME´SHEE
MAT	ICANSI	EECAANSEE
MATCH	UMENTSHISI	OOME´NTSHEESEE
MATERIAL	INDWANGU	EENDWAANGOO
MATTER - DOES NOT	AKUNALUTHO	AAKOONAALOOTO´
MATTER - WHAT IS THE-	YINI NDABA	YEENI NDAABA
MATTRESS	UMATILASI	OOMAATEELAASI
MATURE (A)	KHULILE	KOOLEELE´
MAUL	SHIKASHIKA	SHEEKAASHEEKA
MAY (V)	-NGA	-NGA
MAYBE	MHLAWUMBE	MHLAAWOOMBE´
ME	MINA	MEENA
MEAL	ISIDLO	EESEEDLO´
MEAN (V)	QONDA	QO´NDA
MEASURE (V)	LINGANISA	LEENGAANEESA
MEASURE (V-WEIGH)	KALA	KAALA
MEASURING JUG	UJEKE WOKUKALA	OOJE´KE´ WO´KOOKAALA
MEAT	INYAMA	EENYAAMA
MEDICINE	UMUTHI	OOMOOTI
MEET (V)	HLANGANA NA	HLAANGAANA NAA
MEETING (N)	UMHLANGANO	OOMHLAANGAANO´

MELT	NCIBILIKA	NCEEBEELEEKA
MEMBER	ILUNGA	EELOONGA
MEND	LUNGISA	LOONGEESA
MERCY	UMUSA	OOMOOSA
MESS (N)	ISIBHIXI	EESEEBEEXI
MESS (V)	BHIXIZA	BEEXEEZA
MESSAGE	UMBIKO	OOMBEEKO´
METHOD	INDLELA YOKWENZA	EENDLE´LA YO´KWE´NZA
MICROWAVE	IMAYIKHROWEYIVI	EEMAAYEEKRO´WE´YEEVI
MIDDAY	IMINI	EEMEENEE
MIDWIFE	UMBELETHISI	OOMBE´LE´TEESEE
MILD	BEKILE	BE´KEELE´
MILDEW	ISIKHUNTA	EESEEKOONTA
MILK	UBISI	OOBEESI
MINCE (V)	KUGAYA / GAYA	KOOGAAYA / GAAYA
MINCE MEAT	INYAMA EGAYIWEYO	EENYAAMA E´GAAYEEWE´YO´
MINCER	ISIGAYO SENYAMA	EESEEGAAYO´ SE´NYAAMA
MIND (N)	UMQONDO	OOMQO´NDO´
MINE	AMI	AAMEE
MINISTER	UMFUNDISI	OOMFOONDEESI
MINUTE (TIME)	IMINITHI / UMZUZU	EEMEENEETI / OOMZOOZOO
MIRROR	ISIBUKO	EESEEBOOKO´
MISFORTUNE	ILISHWA	EELEESHWA
MISTAKE	ISIPHOSISO	EESEEPO´SEESO´
MISTER - MR.	UMNUMZANE	OOMNOOMZAANE´
MISUNDERSTAND	NGEZWA	NGE´ZWAA
MIX (V)	XUBANISA / HLANGANISA	XOOBAANEESA / HLAANGAANEESA
MIX ALL TOGETHER	HLANGANISA KONKE	HLAANGAANEESA KO´NKE´
MIXED	XUBILE	XOOBEELE´
MIXED TOGETHER	OHLANGANISIWE	O´HLAANGAANEESEEWE´
MIXTURE	IXUBE	EEXOOBE´
MOAN (V)	THETHA	TE´TA
MOIST	MANZANA	MAANZAANA
MOISTEN	MANZISA	MAANZEESA
MOISTURE	UBUMANZI	OOBOOMAANZI
MONEY	IMALI	EEMAALI
MONKEY	INKAWU	EENKAAWOO
MONTH	INYANGA	EENYAANGA
MOON	INYANGA	EENYAANGA
MORE	NINGI	NEENGEE
MORNING	EKUSENI	E´KOOSE´NEE
MOSQUITO	UMIYANE	OOMEEYAANE´
MOTHER	UMAMA	OOMAAMA
MOTORCAR	IMOTO	EEMO´TO (MORETO´)
MOUNT	KHWELA	KWE´LA
MOUNTAIN	INTABA	EENTAABA
MOURN (V)	LILELA / ZILA	LEELE´LA / ZEELA
MOUSE	IGUNDANE	EEGOONDAANE´

MOUSTACHE	AMADEVU	AMAADE´VOO
MOUTH	UMLOMO	OOMLO´MO´
MOVE (V) TAKE AWAY	SUSA	SOOSA
MOVE (V) MOVE ABOUT	NYAKAZA / HLELA	NYAAKAAZA / HLE´LA
MOVE (V) (TREK)	EMUKA	E´MOOKA
MR. (MR. GREENE)	UMNUMZANE	OOMNOOMZAANE´
MRS. (MRS. GREENE)	UNKOSIKAZI	OONKO´SEEKAAZI
MUD	UDAKA	OODAAKA
MUDDY	NODAKA	NO´DAAKA
MUFFIN TINS	IZITSHA ZOKUBHAKA	EEZEETSHA ZO´KOOBAAKA
MUG (N)	IMAGI	EEMAAGI (EEMUG)
MURDER	UKUBULALA	OOKOOBOOLAALA
MURDER (V)	BULALA	BOOLAALA
MURDERER	UMBULALI	OOMBOOLAALI
MUSCLE	UMSIPHA	OOMSEEPA
MUSHROOM	IKHOWE	EEKO´WE´
MUSSEL	IMBAZA	EEMBAAZA
MUST	KUFANELE / BO	KOOFAANE´LE´ / BO´
MUSTARD	UMASITADI	OOMAASEETAADI
MUTTON	INYAMA YEMVU	EENYAAMA YE´MVOO
MY	MI / YAMI	MEE / YAAMI

N

NAIL (FINGER)	UZIPHO	OOZEEPO´ (PO´ - PAW)
NAIL (TACK)	ISIPIKILI	EESEEPEEKEELI
NAKED	NQUNU	NQOONOO
NAME	IGAMA	IGAAMA
NAME (V)	BIZA / GAGULA	BEEZA / GAAGOOLA
NAPPY	INEPHI / INABUKENI	EENE´PI / EENAABOOKE´NI
NATION	ISIZWE	EESEEZWE´
NATURAL	YIMVELO	YEEMVE´LO´
NATURE RESERVE	ISIQIWI	EESEEQEEWEE
NATURE	IMVELO	EEMVE´LO´
NAUGHTY	DELELA	DE´LE´LA
NAUSEA	ISICANUCANU	EESEECAANOOCAANOO
NAUSEATE	CANULA	CAANOOLA
NEAR	EDUZE	E´DOOZE´
NEARLY	CISHE	CEESHE´
NEAT	NOBUNONO	NO´BOONO´NO´
NECESSARY	DINGEKILE	DEENGE´KEELE´
NECK	INTAMO	EENTAAMO´
NECKLACE	UMGEXO	OOMGE´XO´
NEED (N) - POORNESS	ISIDINGO	EESEEDEENGO´
NEED (V)	SWELA	SWE´LA
NEED (NEED SOMETHING)	DINGA / SWELA	DEENGA / SWE´LA
NEEDLE	INALITI	EENAALEETI
NEGOTIATE	XOXISANA	XO´XEESAANA
NEIGHBOUR	UMAKHELWANE	OOMAAKE´LWAANE´
NEPHEW	UMSHANA	OOMSHAANA
NERVOUS	NAMATATA / NOVALO	NAAMAATAATA / NO´VAALO´
NEVER	NGEKE	NGE´KE´
NEW	-SHA / YINTSHA	-SHA / YEENTSHA
NEWS	IZINDABA	EEZEENDAABA
NEWSPAPER	IPHEPHANDABA	EEPE´PAANDAABA
NEXT TO	SECELENI KWA	SE´CE´LE´NEE KWAA
NEXT	LANDELAYO	LAANDE´LAAYO´
NICE (TASTE)	MNANDI	MNAANDI
NIECE	UMSHANA / UMSHANAKAZI	OOMSHAANA / OOMSHAANAAKAAZI
NIGHT	UBUSUKU	OOBOOSOOKOO
NOBODY	AKUKHO-MUNTU	AAKOOKO´- MOONTOO
NOISE	UMSINDO	OOMSEENDO´
NOODLES	AMA NOODLE E PASTA	AAMAA NOODLE E´ PASTA
NOR	NOMA	NO´MA
NOSE	IKHALA	EEKAALA
NOTHING	IZE	EEZE´
NOTICE (N)	UKUNAKA	OOKOONAAKA
NOTICE (V)	NAKA	NAAKA
NOTIFY	AZISA	AAZEESA

NOW	MANJE	MAANJE´
NUISANCE	INKATHAZO	EENKAATAAZO´
NUMBER	INOMBOLO	EENO´MBO´LO´
NURSE	UNESI	OONE´SSI
NURSE (V)	NESA	NE´SA
NUT (KERNEL)	INHLAMVU	EENHLAAMVOO
NUT (PEANUT - N)	INTONGOMANE	EENTO´NGO´MAANE´
NUTS (PEANUT)	AMANTONGOMANE	AAMAANTO´NGO´MAANE´

O

OBEDIENT	UKULALELA	OOKOOLAALE´LA
OBEY (V)	LALELA	LAALE´LA
OBJECT (N)	INTO	EENTO´
OBSERVE	QAPHELA	QAAPE´LLA
OBSTACLE	ISIVIMBELO / ISIPHAZAMISO	EESEEVEEMBE´LO´ / EESEEPAAZAAMEESO´
OBSTINATE	NENKANI	NE´NKAANI
OBSTRUCT	VIMBELA / PHAZAMISA	VEEMBE´LA / PAAZAAMEESA
OBTAIN	ZUZA	ZOOZA
OCCASION	UMKHOSI	OOMKO´SI
OCCUR	VELA	VE´LA
OCEAN	ULWANDLE	OOLWAANDLE´
OFFEND	CUNULA / CASULA	COONOOLA / CAASOOLA
OFFER (N)	ISITHEMBISO	EESEETE´MBEESO´
OFFER (V)	THEMBISA	TE´MBEESA
OFFICE	IHHOVISI	EEHO´VEESI
OFTEN	KANINGI / NJALO	KAANEENGI / NJAALO´
OIL	I-OYILI	EE-OILI / EE- O´YEELI
OLD	DALA	DAALA
OMIT	SHIYA	SHEEYA
OMELETTE	OMILETHE	O´MEELE´TTE´
ON (ON TOP)	PHEZULU KWA	PE´ZOOLOO KWA
ON (THE SIDE)	ECELENI	E´CE´LE´NEE
ONCE	KANYE	KAANYE´
ONE	KUNYE	KOONYE´
ONION	U- ANYANISI	OO- AANYAANEESEE
ONION - CUT UP	ANYANISI OQOTSHIWE	AANYAANEESEE O´QO´TSHEEWE´
ONLY(ADV)	KUPHELA	KOOPE´LLA
ONLY (A)	-DWA / O+DWA	-DWA / O´DWA
ONWARD	PHAMBILI	PAAMBEELEE
OPEN	VULIWE	VOOLEEWE´
OPEN (V)	VULA	VOOLA
OPERATE	HLINZA	HLEENZA
OPERATION	UKUHLINZA	OOKOOHLEENZA
OPPORTUNITY	ITHUBA	EETOOBA
OR	NOMA	NO´MA (NORMA)
ORANGE	IWOLINTSHI	EEWO´LEENTSHEE
ORDER (V) - INSTRUCT	LAYEZA / TSHELA	LAAYE´ZA / TSHE´LA
ORDER (V) - CLOTHES ETC.	ODA - IZIMPAHLA	O´DA - EEZEEMPAAHLA
ORDINARY	VAMILE	VAAMEELE´
ORGANISATION	INHLANGANO	EENHLAANGAANO´
ORGANISE	HLELA	HLE´LA
ORNAMENT	UMHLOBISO	OOMHLO´BEESO´
OTHER	- NYE / ENYE	- NYE´ / E´NYE´
OTHERWISE (ADV)	KUNGENJALO / NGOKUNYE	KOONGE´NJAALO´ / NGO´KOONYE´

OUR	-ETHU	-E´TOO
OURS	ABETHU	AABE´TOO
OURSELVES	THINA	TEENA
OUT	PHANDLE	PAANDLE´
OUTSIDE	NGAPHANDLE	NGAAPAANDLE´
OVEN	UHHAVINI	OOHAAVEENEE
OVER (THERE)	PHESHEYA	PE´SHE´YA
OVERALLS	I-OVALOLI	EE-O´VAALO´LEE
OVERFLOW	CHICHIMA	CHEECHEEMA
OVERGROWN	-ENILE	E´NEELE´
OVERSEAS	PHESHEYA	PE´SHE´YA
OVERTAKE	EDLULA	E´DLOOLA
OWE	KWELETA	KWE´LE´TTA
OWN (POSSESS)	A-NAYO (AMI)	A -NAAYO´ (AAMI)
OWN (MINE)	WAMI	WAAMI
OWNER	UMNIKAZI	OOMNEEKAAZEE

P

PACK (V)	PAKISHA / HLANGANISA	PAAKEESHA / HLAANGAANEESA
PADDOCK	INKAMBA	EENKAAMBA
PADLOCK	INGIDI / IQHAGA	EENGEEDEE / EEQAAGAA
PAGE	IKHASI	EEKAASI
PAIL (BUCKET)	ITHUNGA	EETOONGA
PAIN	UBUHLUNGU	OOBOOHLOONGOO
PAINT	UPENDE	OOPE´NDE´
PAINT (V)	PENDA	PE´NDA
PALE	UMHLOSHANA	OOMHLO´SHAANA
PAN	IPANI	EEPAANI
PANCAKE	PANIKUKU	PAANEEKOOKOO
PANE (WINDOW)	IWINDI	EEWEENDEE
PANIC (V)	TATAZELA	TAATAAZE´LA
PANT	HEFUZELA	HE´FOOZE´LA
PANTRY	IPHANDOLO	EEPAANDO´LO´
PAPER	IPHEPHA	EEPE´PA
PAPER TOWEL	ITHAWULA LEPHEPHA	EETAAWOOLA LE´PE´PA
PARAFFIN	UPHALAFINI	OOPAALAAFEENI
PARALYSE	THWEBULA	TWE´BOOLA
PARCEL	IPHAKETHE	EEPAAKE´TE´
PARDON	XOLELA	XO´LE´LA
PARENT	UMZALI	OOMZAALI
PARK (N)	IPAKI	EEPAAKI
PARK (V)	PAKA	PAAKA
PARSLEY	IPASILI	EEPAASEELEE
PARTY	UMHLANGANO	OOMHLAANGAANO´
PASS (V)	DLULA	DLOOLA
PASSENGER	UMGIBELI	OOMGEEBE´LEE
PAST (N)	ISIKHATHI	EESEEKAATI
	ESIDLULILEYO	E´SEEDLOOLEELE´YO´
PASTE (V)	NAMATHELISA / NAMATHISELA	NAAMAATE´LEESA NAAMAATEESE´LA
PASTRY	UQWEQWE	OOQWE´QWE´
	LUKAPHAYI	LOOKAAPAAYEE (PIE-EE)
PASTURE	IDLELO	EEDLE´LO´
PAT DOWN	CINDEZELA	CEENDE´ZE´LA
PATH	INDLELA	EENDLE´LA
PATIENCE	UKUBEKEZELA	OOKOOBE´KE´ZE´LA
PATIENT (A) - TO BE	BEKEZELA	BE´KE´ZE´LA
PATIENT (N)	ISIGULI	EESEEGOOLI
PAWPAW	UPOPO	OOPAWPAW / OOPO´PO´
PAY (N)	INKOKHELO	EENKO´KE´LO´
PAY (V)	KHOKHA	KO´KA (KAWKA)
PAYER	UMKHOKHI	OOMKO´KEE
PAYMENT	INKOKHELO	EENKO´KE´LLO´ (YELLOW)
PEA	UPHIZI	OOPEEZEE

PEACE	UKUTHULA	OOKOOTOOLA
PEACH	IPETSHISI	EEPE´TSHEESI
PEANUTS	AMANTONGOMANE	AAMAANTO´NGO´MAANE´
PEAR	IPHEYA	EEPE´YA
PEEL (N)	IKHASI	EEKAASEE
PEEL (V)	HLUBA	HLOOBA
PEEP	LUNGUZA	LOONGOOZA
PEG (N)	ISIKHONKWANE / IPHEKISI	EESEEKO´NKWAANE´ / EEPE´KEESI
PEG (V)	BETHELA	BE´TE´LA
PEN	IPENI	EEPE´NEE
PENCIL	IPENSELA	EEPE´NSE´LA
PENETRATE	NGENA	NGE´NA
PENIS	UMTHONDO	OOMTO´NDO´
PENSION	IMPESHENI	EEMPE´SHE´NEE
PEOPLE	ABANTU	AABAANTOO
PEPPER	UPELEPELE	OOPE´LLE´PE´LLE´
PERFORM	ENZA	E´NZA
PERFUME	USENDE	OOSE´NDE´ (SCENT)
PERISH	BHUBHA	BOOBA (BOOPA)
PERMANENT	HLALAYO	HLAALAAYO´
PERMISSION	IMVUME	EEMVOOME´
PERMIT (N)	IPHOMEDE	EEPO´ME´DE´
PERMIT (V)	VUMELA	VOOME´LA
PERSEVERE	BEKEZELA	BE´KE´ZE´LA
PERSON	UMUNTU	OOMOONTOO
PERSPIRATION	UMJULUKO	OOMJOOLOOKO´
PERSPIRE	JULUKA	JOOLOOKA
PERSUADE (V)	BONISA	BO´NEESA
PERTURB	ETHUSA	E´TOOSA
PEST	INKATHAZO	EENKAATAAZO´ (AW)
PESTER	KHATHAZA	KAATAAZA
PET (N)	ISILWANE SASENDLINI	EESEELWAANE´ SAASE´NDLEENI
PETROL - AMA GLUG GLUG	UPHETHROLI	OOPE´TRO´LEE
PETTICOAT	IPITIKOTI	EEPE´TTIKO´TEE / EEPEETEEKO´TI
PHARMACIST	USOKHEMISI	OOSO´KE´MEESEE
PHOTOGRAPH	ISITHOMBE	EESEETO´MBE´
PICK (V)	KHETHA	KE´TTA
PICNIC	IPIKINIKI	EEPEEKEENEEKEE
PICTURE (N)	UMFANEKISO / ISITHOMBE	OOMFAANE´KEESO´ / EESEETO´MBE´
PIE	UPHAYA	OOPIEYA / OOPAAYA
PIECE	ISIQEPHU	EESEEQE´POO
PIERCE (V)	BHOBOZA	BAWBAWZA / BO´BO´ZA
PIG	INGULUBE	EENGOOLOOBE´
PILE (N)	ISITAKI	EESEETAAKI
PILE (V)	TAKA	TAAKA
PILL	IPHILISI	EEPEELEESEE

PILLOW	UMCAMELO	OOMCAAME´LO´
PIN	ISIPELETI	EESEEPE´LLE´TEE
PIN (V) - TIE	BOPHA NGESIPELETI	BO´PA NGE´SEEPE´LLE´TEE
PINCH	NCWEBA	NCWE´BA
PINEAPPLE	UPHAYINAPHU	OO-PINE-AAPOO / OOPAAYEENAAPOO
PIP	INHLAMVU	EENHLAAMVOO
PIPE	IPIPI	EEPEEPEE
PIT	UMGODI	OOMGO´DEE
PLACE (N)	INDAWO	EENDAAWO´
PLAN (N)	ISU / ICEBO / IPLANI	EESOO / EECE´BO´ / EEPLAANI
PLAN (V)	KLAMA	KLAAMA
PLANET	IPLANETHI	EEPLAANE´TTI
PLANK	IPULANGWE	EEPOOLAANGWE´
PLANT (N)	ISITHOMBO	EESEETO´MBO´
PLANT (V)	TSHALA	TSHAALA
PLASTER OF PARIS	UKHONKOLO	OOKO´NKO´LO´
PLASTIC	IPLASTIKI	EEPLAASTEEKEE
PLATE	ISITSHA	EESEATSHA (EESEETSHA)
PLAY (V)	DLALA	DLAALA
PLEAD (N)	PHENDULA ECALENI	PE´NDOOLA E´CAALE´NNI
PLEASURE	INJABULO	EENJAABOOLO´
PLENTY	NINGI	NEENGEE
PLIERS	UDLAWU / IMPINTSHISI	OODLAAWOO / EEMPEENTSHEESI
PLOUGH (V)	LIMA	LEEMA
PLUG (N) - BASIN	ISIVIMBO	EESEEVEEMBO´
PLUG (V)	VIMBA	VEEMBA
PLUM	IPLAMU	EEPLAAMOO
POACHED (EGG)	ELIPOSHIWE	E´LLEEPO´SHEEWE´
POCKET	ISIKHWAMA	EESEEKWAAMA
POISON (SNAKE)	UBUTHI	OOBOOTEE
POISON	ISIHLUNGU	EESEEHLOONGOO
POISON (V)	FAKA ISIHLUNGU	FAAKA EESEEHLOONGOO
POLE	ISIGXOBO	EESEEGXO´BO´
POLICE	IPHOYISA	EEPO´YEESA
POLISH	UPHOLISHI	OOPO´LEESHEE
POLISH (V)	PHOLISHA	PO´LEESHA
POLITE	THOBEKILE	TO´BE´KEELE´
POOL	ICHIBI	EECEEBEE
POOR	MPOFU	MPOORFOO (MPO´FOO)
POPULAR	AZIWAYO	AAZEEWAAYO´
PORK	INYAMA YENGULUBE	EENYAAMA YE´NGOOLOOBE´
PORRIDGE	IPHALISHI	EEPAALEESHEE
PORTION	INXENYE	EENXE´NYE´
POSITION	ISIMO / ISIKHUNDLA	EESEEMO´ / EESEEKOONDLA
POST (N)	IPOSI	EEPAWSEE (EEPO´SEE)
POST (V)	POSA	PAWSA (PO´SA)
POSTAGE STAMP	ISITEMBU	EESEETE´MBOO

POSTAL ORDER	IPOSODA	EEPO´SO´DA
POSTCARD	IPOSIKHADI	EEPO´SEEKAADEE
POSTMAN	UMUNTU WEPOSI	OOMOONTOO WE´POSSEE
POSTOFFICE	IPOSI	EEPO´SEE
POT	IBHODWE	EEBO´DWE´
POTATO	IZAMBANE	EEZAAMBAANE´
POUND (V)	GXOBA	GXO´BA
POUR	THELA	TE´LLA
POWER	AMANDLA	AAMAANDLA
PRACTICAL	NOKWENZEKA	NO´KWE´NZE´KA
PRACTISE (V)	ZIJWAYEZA	ZEEJWAAYE´ZA
PRAISE	UKUBONGA	OOKOOBO´NGA
PRAISE (V)	BONGA	BO´NGA
PRAWN	ISHEBENISI / UMDAMBI	EESHE´BE´NEESI / OOMDAAMBI
PRAY	THANDAZA	TAANDAAZA
PREACH	SHUMAYELA	SHOOMAAYE´LLA
PRECIOUS	THANDEKAYO	TAANDE´KAAYO´
PREFER (V)	ENYULA / KHETHA	E´NYOOLA / KE´TAA
PREGNANT	KHULELWE / NESISU	KOOLE´LWE´ / NE´SEESOO
PREPARE	LUNGISA	LOONGEESA
PRESENT (N)	ISIPHO	EESEEPAW / EESEEPO´
PRESENT (V)	-PHA / IPHA	-PA / EEPA
PRESERVE	LONDOLOZA	LO´NDO´LO´ZA
PRESIDENT	UMONGAMELI	OOMO´NGAAME´LI
PRESS (V)	CINDEZELA	CEENDE´ZE´LLA
PRETEND	ZENZISA	ZE´NZEESA
PRETTY	-HLE / MUHLE	-HLE´ / MOOHLE´
PREVENT	VIMBELA	VEEMBE´LLA
PRICE	INTENGO	EENTE´NGO´
PRICK (V)	BHOBOZA	BO´BO´ZA
PRIDE	UKUZIDLA	OOKOOZEEDLA
PRIEST	UMPHRISTI / UMFUNDISI	OOMPREESTI / OOMFOONDEESI
PRIME MINISTER	UNDUNANKULU	OONDOONAANKOOLOO
PRIMITIVE	ASENDULO	AASE´NDOOLO´
PRINCE	INKOSANA	EENKO´SAANAA
PRINCESS	INKOSAZANA	EENKO´SAAZAANA
PRINCIPAL (HEAD)	UTHISHOMKHULU / UTHISHANHLOKO	OOTEESHO´MKOOLOO / OOTEESHAANHLO´KO´
PRINCIPLE	UMTHETHO	OOMTE´TO´
PRINT	BHALA NGOKUHLUKANISA	BAALA NGO´KOOHLOOKAANEESA
PRISON	IJELE	EEJAILEE / EEJE´LE´
PRISONER	ISIBOSHWA	EESEEBO´SHWA
PRIVATE (ON OWN)	AKHE YEDWA	AAKE´ YE´DWA
PRIVATE PROPERTY	AKUNGENWA	AAKOONGE´NWA
PRIZE	KLOMELA	KLO´ME´LA
PROBLEM	INKINGA	EENKEENGA
PROCEDURE	INQUBO	EENQOOBO´
PROCEED	QHUBEKA	QOOBE´KA

PRODUCE (V)	KHIQIZA	KEEQEEZA
PRODUCE (V) - eg. FRUIT	THELA	TE´LLA
PRODUCT (eg. FRUIT)	UMTHELO	OOMTE´LO´
PRODUCT (N)	UMKHIQIZO	OOMKEEQEEZO´
PROGRESS (N)	INQUBEKO	EENQOOBE´KO´
PROGRESS (V)	QHUBEKA	QOOBE´KA
PROMISE	ISITHEMBISO	EESEETE´MBEESO´
PROMISE (V)	THEMBISA	TE´MBEESA
PRONOUNCE	PHUMISELA	POOMEESE´LA
PROOF	UBUFAKAZI	OOBOOFAAKAAZI
PROPERTY (BELONG)	IMPAHLA	EEMPAAHLA
PROPOSE (V)	SONGOZA	SO´NGO´ZA
PROSECUTE	MANGALELA	MAANGAALE´LA
PROSPER	CHUMA	CHOOMA
PROTECT	VIKELA	VEEKE´LA
PROTEST	NQABA	NQAABA
PROUD	ZIDLAYO	ZEEDLAAYO´
PROVE	BONISA	BO´NEESA
PROVIDE	NIKA	NEEKA
PRUNE (V)	NQUMA	NQOOMA
PUBLIC	UMPHAKATHI	OOMPAAKAATI
PUBLISH	SHICILELA	SHEECEELE´LA
PUDDING	UPHUDINGI	OOPOODEENGEE
PUDDING BOWL	ISITSHA SIKAPHUDINGI	EESEETSHA SEEKAAPOODEENGI
PULL (V)	DONSA	DO´NSA (DAWNSA)
PUMP (N)	IPHAMPU	EEPAAMPOO
PUMP (V)	FUTHA	FOOTA
PUMPKIN	ITHANGA	EETAANGA
PUNCH (V)	SHAYA SIBHAKELA	SHAAYA SEEBAAKE´LA
PUNCTURE (N)	IMBOBO	EEMBO´BO´
PUNISH	JEZISA	JE´ZEESA
PUNISHMENT	ISIJEZISO	EESEEJE´ZEESO´
PUPIL (N- SCHOOL)	UMFUNDI	OOMFOONDEE
PURSE	ISIKHWAMA SEMALI	EESEEKWAAMA SE´MAALI
PUS	UBOVU	OOBO´VOO
PUSH / PUSH ASIDE	SUNDUZA	SOONDOOZA
PUT	BEKA / FAKA	BE´KA / FAAKA
PUZZLE (TOY)	INDIDA	EENDEEDA
PYJAMAS	AMAPHIJAMA	AAMAAPEEJAAMA
PYTHON	INHLWATHI	EENHLWAATI

Q

QUALIFICATION	ILUNGELO	EELOONGE´LO´
QUALIFIED	NELUNGELO	NE´LOONGE´LO´
QUANTITY	UBUNGAKO	OOBOONGAAKO´
QUARREL	UKUXABANA	OOKOOXAABAANA
QUEEN	INDLOVUKAZI / UKHWINI	EENDLO´VOOKAAZI / OOKWEENI
QUEER	MANGALISAYO	MAANGAALEESAAYO´
QUENCH (FINISH THIRST)	QEDA UKOMA	QE´DA OOKO´MA
QUESTION	UMBUZO	OOMBOOZO´
QUESTION (V)	BUZA	BOOZA
QUEUE	IHELE / UMUGQA	EEHE´LE´ / OOMOOGQAA
QUICK (HURRY)	SHESHA	SHE´SHA
QUICK	SHESHAYO	SHE´SHAAYO´
QUICK DISHES	UKUDLA OKUSHESHAYO	OOKOODLA O´KOO-SHE´SHAAYO´
QUICKLY	NGOKUSHESHA / SHESHISA / MASINYA	NGO´KOOSHE´SHA / SHE´SHEESAA / MAASEENYA
QUIET	THULILE	TOOLEELE´
QUILT	IKHWILITHI	EEKWEELEETI

R

RABBIT	UNOGWAJA	OONO´GWAAJA
RACE (N) - RUN	UMJAHO	OOMJAAGHO´
RACE (V)	JAHA	JAAGHA
RACIAL	NGOKWEZINHLANGA	NGO´KWE´ZEENHLAANGA
RADIO	IREDIYO / UMSAKAZO	EERE´DEEYO´ / OOMSAAKAAZO´
RADISH	URADISHI	OORAADEESHEE
RAG	ISIDWEDWE	EESEEDWE´DWE´
RAGE	ULAKA	OOLAAKA
RAIL (CURTAIN)	UMSHAYO	OOMSHAAYO´
RAILWAY	ULOLIWE	OOLO´LEEWE´
RAIN	IMVULA	EEMVOOLA
RAIN (V)	-NA / LINA	-NAA / LEENA
RAINCOAT	IJAZI LEMVULA	EEJAAZI LE´MVOOLA
RAISE (V)	PHAKAMISA	PAAKAAMEESA
RAISIN	IREYIZINI	EERE´YEEZEENI
RAKE (N)	IHHALA	EEHAALA
RAKE (V)	HHALA	HAALA
RAPE (V)	DLWENGULA	DLWE´NGOOLA
RAPID	NGEJUBANE	NGE´JOOBAANE´
RARE	NGAVAMILE	NGAAVAAMEELE´
RASH	UMQUBUKO	OOMQOOBOOKO´
RAT	IGUNDANE	EEGOONDAANE´
RATION	ILESHENI	EELE´SHE´NEE
RATTLE (N)	IGENQEZA	EEGE´NQE´ZA
RAZOR	IREZA /	EERAZOR / EERE´ZA /
	IMPUCO /	EEMPOOCO´/
	INSINGO	EENSEENGO´
REACH (V)	FICA / FIKA	FEECA / FEEKA
READ	FUNDA	FOONDA
READY	LUNGILE	LOONGEELE´
REAL	LIQINISO	LEEQEENEESO´
REALLY	NGEMPELA	NGE´MPE´LLA
REAP (V)	VUNA	VOONA
REAR (A)	NGEMUVA	NGE´MOOVA
REAR (V)	KHULISA	KOOLEESA
REASON (N)	ISIZATHU	EESEEZAATOO
REASON (V)	CABANGA	CAABAANGA
REASONABLE	FANELEYO	FAANE´LE´YO´
REBEL (N)	IMBUKA	EEMBOOKA
RECEIPT	IRISIDI	EEREESEEDI
RECEIVE	AMUKELA	AAMOOKE´LLA
RECIPE	ISU LOKUPHEKA	EESOO LO´KOOPE´KKA
RECOGNISE	BONA	BO´NA
RECOMMEND	NCOMA	NCO´MA
RECORD	IREKHODI	EERE´KO´DI
RECORD (V)	QOPHA	QO´PPA

RECOVER	SINDA	SEENDA
RECOVERY	UKUSINDA	OOKOOSEENDA
RECTUM	UMDIDI	OOMDEEDEE
RED	BOMVU	BO´MVOO
REDUCE	NCIPHISA	NCEEPEESA
REFER	DLULISELA	DLOOLEESE´LA
REFEREE	UNOMPEMPE	OONO´MPE´MPE´
REFERENCE	IREFERENSE	EERE´FE´RE´NSE´
REFRIGERATOR	IFRIJI	EEFREEJEE
REFUND (V)	BUYISELA	BOOYEESE´LLA
REFUSE (N-DIRT)	IZIBI	EEZEEBEE
REFUSE (V)	ALA	AALA
REGRET (V)	DABUKELA	DAABOOKE´LLA
REGULATION	UMTHETHO	OOMTE´TO´
REIN (N)	ITOMU	EETO´MOO
RELATION (FAMILY)	ISIHLOBO	EESEEHLO´BO´
RELEASE	INKULULEKO	EENKOOLOOLE´KO´
RELEASE (V)	KHULULA	KOOLOOLA
RELIABLE	THEMBEKILE	TE´MBE´KEELE´
RELIEF (N)	USIZO	OOSEEZO´
RELIEVE	SIZA	SEEZA
RELIGION	INKOLO	EENKO´LO´
RELIGIUOS	KHOLIWE	KO´LEEWE´
RELY	THEMBA	TE´MBA
REMAIN (V)	SALA	SAALA
REMAINDER	INSALELA	EENSAALE´LA
REMEMBER	KHUMBULA	KOOMBOOLA
REMIND	KHUMBUZA	KOOMBOOZA
REMOVAL (MOVE)	UKUTHUTHA	OOKOOTOOTA
REMOVAL (N)	UKUSUSA	OOKOOSOOSA
REMOVE (V)	SUSA	SOOSA
RENT (N)	INTELA	EENTE´LLA
RENT (V) - HIRE	QASHA	QAASHA
REPEAT	PHINDA	PEENDA
REPLY	PHENDULA	PE´NDOOLA
REPORT (N)	UMBIKO	OOMBEEKO´
REPORT (V)	BIKA	BEEKA
REPORTER	UMBIKI	OOMBEEKEE
REPRESENT	MELA	ME´LA
REPULSIVE	ENYANYEKAYO	E´NYAANYE´KAAYO´
REQUEST (N)	ISICELO	EESEECE´LLO´
REQUEST (V)	CELA	CE´LA
RESCUE (N)	UKUSINDISA	OOKOOSEENDEESA
RESCUE (V)	SINDISA	SEENDEESA
RESEMBLE	FANA	FAANA
RESERVE (V)	BAMBELA	BAAMBE´LA
RESIDENCE	UMUZI	OOMOOZI
RESIGN	SHIYA	SHEEYA
RESIST	ZABALAZA	ZAABAALAAZA

RESPECT (N)	UKUHLONIPHA	OOKOOHLO´NEE´PA
RESPECT (V)	HLONIPHA	HLO´NEEPA
RESPECTABLE	NESITHUNZI	NE´SEETOONZEE
RESPOND	PHENDULA	PE´NDOOLA
REST (N)	UKUPHUMULA	OOKOOPOOMOOLA
REST (V)	PHUMULA	POOMOOLA
RESTAURANT	ISITOLO SOKUDLELA	EESEETO´LO´ SO´KOODLE´LA
RESTLESS	YALUZAYO / NGENASINQE	YAALOOZAAYO´ / NGE´NAASEENQE´
RESTRAIN (V)	KHUZA	KOOZA
RESTRICT	NQANDA	NQAANDA
RESULT	UMPHUMELA	OOMPOOME´LA
RESULT (V) - FOLLOW	LANDELA	LAANDE´LLA
RETIRE (V) - SIT	HLALA PHANSI	HLAALA PAANSEE
RETURN (V)	PHINDELA	PEENDE´LA
RETURN (V) - IT TO ME	BUYISELA	BOOYEESE´LA
RETURN - HOME	GODUKA	GO´DOOKA
REVEAL	AMBULA / BEKA OBALA	AAMBOOLA / BE´KA O´BAALAA
REVISE	BUKEZA	BOOKE´ZA
REWARD	UMKLOMELO	OOMKLO´ME´LO
REWARD (V)	KLOMELA	KLO´ME´LLA
RHEUMATISM	IKHUNKULO	EEKOONKOOLO´
RHINOCEROS	UBHEJANE	OOBE´JAANE´
RIB	UBAMBO	OOBAAMBO´
RIBBON	IRIBHINI	EEREEBEENI (RIBBON)
RICE	IRAYISI	EERAAYEESEE
RICH	NOTHILE / CEBILE	NO´TEELE´ / CE´BEELE´
RIDE	UKUGIBELA	OOKOOGEEBE´LLA
RIDE (V)	GIBELA	GEEBE´LLA
RIFLE	ISIBHAMU	EESEEBAAMOO
RIGHT	QONDILE	QO´NDEELE´
RIGHT(N)	UBUNENE	OO-BOO-NE´NE´ (NANNY)
RING (N)	IRINGI / INDANDATHO	EEREENGEE / EENDAANDAATO´
RING (V)	KHALA	KAALA
RINSE (V) - IN WATER / DILUTE	HLAMBULULA	HLAAMBOOLOOLA
RINSE (V) - CLOTHES OUT	YAKAZA	YAAKAAZA
RIOT (N)	ISIDUMO	EESEEDOOMO´
RIOT (V)	BANGA ISIDUMO	BAANGA EESEEDOOMO´
RIPE	VUTHIWE	VOOTEEWE´
RISE (N)	UKUKHUPHUKA / UKUKHUKHUMALA	OO-KOO-KOO-POOKA / OOKOOKOOKOOMAALA
RISE (V)	KHUPHUKA / KHUKHUMALA	KOO-POO-KA / KOOKOOMAALA
RISK (N)	INGOZI	EENGO´ZEE
RIVER	UMFULA	OOMFOOLA
ROAD	UMGWAQO	OOMGWAAQO´
ROAST	OSA	O´SA
ROB	PHANGA	PAANGA

ROLL (V)	GINGQIKA	GEENGQEEKA
ROLLING PIN	IPHINI LOKUGAYA	EEPEENI LO´KOOGAAYA
	UFULAWA	OOFOOLAAWA
ROOF	UPHAHLA	OOPAAHLA
ROOM	IKAMELO	EEKAAME´LO´
ROOT	IMPANDE	EEMPAANDE´
ROPE	INDOPHI / INTAMBO	EENDO´PEE / EENTAAMBO´
ROT	BOLA	BO´LA
ROTTEN	BOLILE	BO´LEELE´
ROUND	YINDILINGA	YEENDEELEENGA
ROW (N)	UHLU	OOHLOO
ROW (V) - BOAT	GWEDLA	GWE´DLA
RUB	HLIKIHLA	HLEEKEEHLA
RUBBER (ERASER)	IRABHA	EERUBBER / IRAABA
RUBBISH	IZIBI	EEZEEBEE
RUBBISH BIN	UMGQOMO WEZIBI	OOMGQO´MO´ WE´ZEEBEE
RUDE	NGAHLONIPHI	NGAAHLO´NEEPEE
RUGBY	IRAGBHI	EERUGBY / EERAAGBI
RULE (N)	UMTHETHO	OOMTE´TOO
RULE (V)	BUSA	BOOSA
RULER (KING)	UMBUSI	OOMBOOSI
RULER	IRULA	EEROOLA
RUN (V)	GIJIMA	GEEJEEMA
RUSH	SHESHISA	SHE´SHEESA
RUSH OUT - IN ANGER	DUMELA	DOOME´LA

S

SACK (N)	ISAKA	EESAAKA
SACK (V)	XOSHA	XO´SHA
SAD	DABUKILE	DAABOOKEELE´
SADDEN	DABUKISA	DAABOOKEESA
SADDLE	ISIHLALO SEHHASHI	EESEEHLAALO´ SE´HAASHI
SADNESS	DABUKISA	DAABOOKEESA
SAFE (A)	LONDEKILE / PHEPHILE	LO´NDE´KEELE´ / PE´PEELE´
SAFE (N)	ISISEFO	EESEESE´FO´
SAFETY PIN	ISIPELETU	EESEEPE´LLE´TOO
SAFETY	UKULONDEKA	OOKOOLO´NDE´KA
SAIL	USEYILI	OOSE´YEELI
SAIL (V)	NTWEZA	NTWE´ZA
SALAD	ISALADI	EESAALAADEE
SALAD BOWL	ISITSHA SESALADI	EESEETSHA SE´SAALAADI
SALAD DRESSING	UMHLUZI WESALADI	OOMHLOOZEE WE´SAALAADI
SALARY	IHOLO	EEHO´LO´
SALE	INDALI	EENDAALI
SALIVA	AMATHE	AMAATE´
SALT	ITSWAYI / USAWOTI	EETSWAAYI / OOSAAWO´TEE
SALT CELLAR	ISITSHA SETSWAYI / ISITSHA SIKASAWOTI	EESEETSHAA SE´TSWAAYEE / EESEETSHAA SEEKAASAAWO´TI
SAME	FANAYO	FAANAAYO´
SAMP	ISITAMBU	EESEETAAMBOO
SAMPLE	ISAMPULA	EESAAMPOOLA
SAND	ISIHLABATHI	EESEEHLAABAATEE
SANDAL	INGXABULELA / ISANDALI / IMBADADA	EENGXAABOOLE´LA / EESAANDAALI / EEMBAADAADAA
SANDWICH	ISEMISHI	EESE´MEESHEE
SANE	HLAKANIPHILE	HLAAKAANEEPEELE´
SARCASM	UKUBHUQA / UMBHUQO	OOKOOBOOQA´ / OOMBOOQO´
SARCASTIC	BHUQA	BOOQAA
SATCHEL	UJOSAKA	OOJO´SAAKA
SATISFY	ANELISA	AANE´LEESA
SATURDAY	UMGQIBELO	OOMQEEBE´LLO´
SAUCE	UMHLUZI	OOMHLOOZI
SAUCEPAN	ISOSIPANI	EESO´SEEPAANI
SAUSAGE	ISOSITSHI	EESO´SEETSHEE
SAVE	SINDISA / ONGA / LONDOLOZO	SEENDEESA / O´NGA / LO´NDO´LO´ZO´
SAVINGS	IMALI ELONDOLOZIWE	EEMAALI E´LONDO´LO´ZEEWE´
SAVOUR	...ZWA / I+ ZWA	ZWA / EEZWA
SAVOURY	MNANDI	MNAANDEE
SAW (N)	ISAHA	EESAAGHAA
SAW (V)	SAHA	SAAGHA
SAY	...SHO /I+SHO / ...THI / I+THI	...SHO´ / EESHO´ / ...TEE / EETI

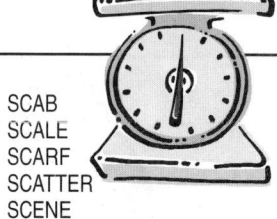

English	Zulu	Pronunciation
SCAB	UQWEQWE / UTWAYI	OOQWE'QWE' / OOTWAAYEE
SCALE	ISIKALI	EESEEKAALI
SCARF	ISIKHAFU	EESEEKAAFOO
SCATTER	SAKAZA	SAAKAAZA
SCENE	INDAWO	EENDAAWO'
SCHOOL	ISIKOLE	EESEEKO'LE'
SCISSORS	ISIKELO	EESEEKE'LO' ('ELLO)
SCOLD (V)	THETHISA	TE'TEESA
SCOOP	-KHA / I+KHA	-KAA / EEKAA
SCORCH	SHISA	SHEESA
SCOUR (V)	KHUHLA	KOOHLA
SCRAMBLED EGG	IQANDA ELIPHEHLIWE	EEQAANDA E'LEEPE'HLEEWE'
SCRAPE (V)	PHALA	PAALA
SCRATCH (V)	KLWEBHA	KLWE'BA
SCREAM	UKUKLABALASA	OOKOOKLAABAALAASA
SCREAM (V)	KLABALASA	KLAABAALAASA
SCREW (N)	ISIKULUFO	EESEEKOOLOOFO'
SCRUB	KHUHLA	KOOHLA
SEA	ULWANDLE	OOLWAANDLE'
SEAL(V)	VALA	VAALAA
SEAL (N)	ISIVALO	EESEEVAALO'
SEARCH	UKUCINGA	OOKOOCEENGA
SEASON (V-FOOD)	NANDISA	NAANDEESA
SEAT	ISIHLALO	EESEEHLAALO'
SEE	BONA	BO'NA (BORNA)
SEED	IMBEWU	EEMBE'WOO
SELDOM	KANCANE	KAANCAANE'
SELF	UBUMINA	OOBOOMEENA
SELFISH	NOMHAWU	NO'MHAAWOO
SELL	THENGISA	TE'NGEESA
SEND	THUMA	TOOMA
SEPARATE (A)	AHLUKENE	AAHLOOKE'NE'
SERIOUS	QUKETHE / NZIMA	QOOKE'TTE' / NZEEMA
SERVANT	ISISEBENZI	EESEESE'BE'NZEE
SERVE	SEBENZELA	SE'BE'NZE'LLA
SERVIETTE	ISEVIYETHE	EESE'VEEYE'TTE'
SET	ISETHI	EESE'TEE
SET (V- TABLE)	DEKA	DE'KA
SEW	THUNGA	TOONGA
SEWERAGE PIPE	IPAYIPI LENDLE	EEPAAYEEPEE LE'NDLE'
SEWING MACHINE	UMSHINI WOKU-THUNGA	OOMSHEENEE WO'KOO-TOONGA
SHAKE	NYAKAZISA	NYAAKAAZEESA
SHAME	AMAHLONI	AAMAAHLO'NEE
SHARE	ISABELO	EESAABE'LLO'
SHARE (V)	CAZELANA	CAAZE'LAANA
SHARK	IMFINGO / USHAKA	EEMFEENGO' / OOSHAAKA
SHARP	BUKHALI	BOOKAALI
SHAVE (V)	SHEFA	SHE'FA (SHAYFA)
SHE	YENA	YE'NNA

102

English	Zulu	Pronunciation
SHEEP	IMVU	EEMVOO
SHEET	ISHIDI	EESHEEDEE
SHELF	ISHALOFU	EESHAALO´FOO
SHELL (SEA)	IGOBOLONDO	EEGO´BO´LO´NDO´
SHIN	UMBALA	OOMBAALA
SHINE	KHANYA / CWEBEZELA	KAANYA / CWE´BE´ZE´LA
SHIP	UMKHUMBI	OOMKOOMBEE
SHIRT	IHEMBE / IYEMBE	EEHE´MBE´ / EEYE´MBE´
SHOE	ISICATHULO	EESEECAATOOLO´
SHOELACE	INTAMBO YEZICATHULO	EENTAAMBO´ YE´ZEECAATOOLO´
SHOOT	DUBULA	DOOBOOLA
SHOP (N)	ISITOLO	EESEETO´LO´
SHOP (V)	THENGA	TE´NGA
SHORT (HEIGHT)	FUSHANE	FOOSHAANE´
SHORTEN	FUSHANISA	FOOSHAANEESA
SHORTS	ISIKHINDI	EESEEKEENDEE
SHOVEL	IFOSHOLO	EEFO´SHO´LO´
SHOW (N)	UMBUKISO	OOMBOOKEESO´
SHOW (V)	KHOMBISA	KO´MBEESA
SHOWER	ISHAWA	EESHAAWA
SHOWER (V)	SHAWA	SHAAWA
SHRED (V)	SIKA	SEEKA
SHRINK (V)	SHWABANA	SHWAABAANA
SHUT	VALIWEYO	VAALEEWE´YO´
SHUT (V)	VALA	VAALA
SHY	NAMAHLONI	NAAMAAHLO´NEE
SICK	GULAYO	GOOLAAYO´
SICKNESS	UKUGULA	OOKOOGOOLA
SIDE (N) - EDGE	ICALA	EECAALA
SIDE -ON THE SIDE	ECALENI	E´CAALE´NI
SIEVE	ISISEFO	EESEESE´FO´
SIFT (V)	SEFA	SE´FA
SIFTED	OSEFIWE	O´SE´FEEWE´
SIGHT (N)	UKUBUKA	OOKOOBOOKA
SIGN (V)	SAYINA	SAAYEENA
SIGNATURE	UKUSAYINA	OOKOOSAAYEENA
SILENCE	UKUTHULA	OOKOOTOOLA
SILENCE (V)	THULISA	TOOLEESA
SIMPLE	SOBALA / LULA	SO´BAALA / LOOLA
SIN (N)	ISONO	EESO´NO´
SING	CULA	COOLA
SINK (N)	USINKI	OOSEENKEE
SINK (V)	SHONA	SHO´NA (SHORENA)
SIP (N)	UMHABULO	OOMHAABOOLO´
SIP (V)	HABULA	HAABOOLA
SISTER	UDADE / USISI	OODAADE´ / OOSEESI
SIT (V)	HLALA	HLAALA
SIZE	UBUKHULU	OOBOOKOOLOO
SKIN (N)	ISIKHUMBA	EESEEKOOMBA

English	Zulu	Pronunciation
SKIRT	ISIKETI	EESEEKE´TTEE
SKY	ISIBHAKABHAKA	EESEEBAAKAABAAKA
SLEEP	UBUTHONGO	OOBOOTO´NGO´
SLEEP (V)	LALA	LAALA
SLEEPY	NOBUTHONGO	NO´BOOTO´NGO´
SLEEVE	UMKHONO	OOMKO´NO´
SLENDER	CUTHENE	COOTE´NE´
SLICE	UCEZU	OOCE´ZOO
SLIDE	SHELELA	SHE´LE´LA
SLOW	KANCANE	KAANCAANE´
SMALL	NCANE	NCAANE´
SMELL	IPHUNGA	EEPOONGA
SMELL (V)	NUKA	NOOKA
SMILE (V)	MAMATHEKA	MAAMAATE´KKA
SMOKE (N)	INTUTHU	EENTOOTOO
SMOKE (V)	BHEMA	BE´MMA
SMOOTH	BUSHELEZI	BOOSHE´LE´ZEE
SNAIL	UMNENKE	OOMNE´NKE´
SNAKE	INYOKA	INYO´RKA / INYO´KA
SNEEZE	UKUTHIMULA	OOKOOTEEMOOLA
SNEEZE (V)	THIMULA	TEEMOOLA
SNIFF	HELA / HOGELA	HE´LA / HO´GE´LA
SNORE	UKUHONA	OOKOOHO´NA (HAWNA)
SNORE (V)	HONA	HO´NA
SNOW	KHITHIKA	KEETEEKA
SOAK (V)	CWILISA	CWEELEESA
SOAP	INSIPHO	EENSEEPO´
SOCK	ISOKISI	EESO´KEESEE
SOFT	THAMBILE	TAAMBEELE´
SOFTLY	KANCANE	KAANCAANE´
SOLDIER	ISOSHA	EESO´SHA
SON	INDODANA	EENDO´DAANA
SONG	ICULO	EECOOLO´
SOON	MASINYANE	MAASEENYAANE´
SOOTHE	DUDUZA	DOODOOZA
SORE	BUHLUNGU	BOOGHLOONGOO
SORE (N)	ISILONDA	EESEELO´NDA
SOUND	UMSINDO	OOMSEENDO´
SOUP	ISOBHO	EESO´BO´ (SAWBAW)
SOUP POWDER	IMPUPHU YESOBHO	IMPOOPOO YE´SO´BO´
SOUR	MUNCU	MOONCOO
SOW (GROW)	TSHALA	TSHAALA
SPADE	IFOSHOLO / ISIPETE	EEFO´SHO´LO´ / EESEEPE´TE´
SPEAK	KHULUMA	KOOLOOMA
SPECIAL	SIPESHELI	SEEPE´SHE´LEE
SPECTACLES	IZIBUKO	EEZEEBOOKO´
SPEED (N)	IJUBANE	EEJOOBAANE´
SPELL (V)	PELA	PE´LA
SPEND	CHITHA / KHOKHA	CHEETA / KAWKA / KO´KA

English	Zulu	Pronunciation
SPICE	ISIPAYISI	EESEEPAAYEESEE
SPIDER	ULWEMBU	OOLWE´MBOO
SPILL	CHITHA	CEETAA
SPIT	KHAFULA	KAAFOOLA
SPONGE	ISIPANJI	EESEEPAANJEE
SPOON	UKHEZO / ISIPUNU	OOKE´ZO´ / EESEEPOONOO
SPORT	UMDLALO	OOMDLAALO´
SPOT	IBALA	EEBAALA
SPREAD (V) - JAM	VUVUZELA	VOOVOOZE´LA
SPRING (V)	-EQA	-E´QA
SPRINKLE	FAFAZA	FAAFAAZA
SPRINKLER	ISIFAFAZO	EESEEFAAFAAZO´
SPROUT	HLUMA	HLOOMA
SQUASH (N)	ISIKWASHI	EESEEKWAASHEE
SQUASH (V)	PITSHIZA	PEETSHEEZA
SQUAT	QOSHAMA	QO´SHAAMA
SQUATTER CAMP	MJONDOLO	MJO´NDO´LO´
SQUEEZE	CINDEZELA	CEENDE´ZE´LA
STAB	HLABA / GWAZA	HLAABA / GWAAZA
STABLE (HORSE)	ISITEBELE	EESEETABLE / EESEETE´BE´LE´
STAIN	IBALA	EEBAALA
STAIRS	ISITEZI	EESEETE´ZI (EESEESTAIRS)
STALE	DUVILE	DOOVEELE´
STAMP (N)	ISITEMBU	EESEETE´MBOO
STAND (V)	-MA / IMA	-MA / EEMA
STARCH	ISITASHI	EESEETAASHI
STARE (V)	GQOLOZELA	GQO´LO´ZE´LA
START (V)	QALA	QAALA
STARVE	LAMBA	LAAMBA
STATION	ISITESHI	EESEETE´SHEE
STATIONERY (N)	IZIMPAHLA ZOKUBHALA	EEZEEMPAAHLA ZO´KOOBAALA
STEAK	ISITEKI	EESEETE´KKI
STEAL	-EBA / YEBA	E´BA / YE´BA
STEAM	ISITIMU	EESEETEEMOO
STEP (V)	HAMBA	HAAMBA
STEPLADDER	ISITEBHISI	EESEETE´BEESEE
STEW (N)	ISITSHULU	EESEETSHOOLOO
STICK	INDUKU	EENDOOKOO
STICK (V)	NAMATHELA	NAAMAATE´LLA
STIFF	LUKHUNI	LOOKOONEE
STING (V)	TINYELA / HLABA	TEENYE´LA / HLAABA
STINK	IPHUNGA ELIBI	EEPOONGA E´LEEBEE
STIR (V - FOOD)	BONDA	BO´NDA
STIR TILL THICK	GOVUSA KUZE KUSHUBE	GO´VOOSA KOOZE´ KOOSHOOBE´
STOCKINGS	AMASOKISI AMADE	AMAASO´KEESEE AMAADE´
STOMACH	ISISU	EESEESOO
STONE	ITSHE / ILITSHE	EETSHE´ / EELEETSHE´
STOP (V)	VIMBA	VEEMBA

English	Zulu	Pronunciation
STORE (N)	ISITOLO	EESEETO´LO´
STORE (V)	BEKA	BE´KA
STORM (N)	ISIVUNGUVUNGU	EESEEVOONGOOVOONGOO
STORY	INDABA	EENDAABA
STOVE	ISITOFU	EESEETO´FOO
STRAIGHT	QONDILE	QO´NDEELE´
STRAWBERRY	ISTROBHERI	EESTRO´BE´RRI
STRAY (V)	-EDUKA	-E´DOOKA
STREET	ISITALADI	EESEETAALAADI
STRENGTH	AMANDLA	AMAANDLA
STRIKE (V)	TELEKA	TE´LE´KKA
STRIKE (N)	ISITELEKA	EESEETE´LE´KKA
STRING	INTAMBO	EENTAAMBO´
STUBBORN	NENKANI	NE´NKAANI
STUDENT	UMFUNDI / ISITSHUDENI	OOMFOONDI / EESEETSHOODE´NI
STUDY (V)	FUNDA	FOONDA
STUPID	PHUKUZEKILE	POOKOOZE´KEELE´
SUBTRACT	SUSA	SOOSA
SUCCEED	PHUMELELA	POOME´LE´LA
SUCCESS	IMPUMELELO	EEMPOOME´LE´LO´
SUCK	MUNCA	MOONCA
SUDDEN	MASINYA	MAASEENYA
SUE (V)	MANGALA	MAANGAALA
SUFFER	HLUPHEKA	HLOOPE´KKA
SUGAR	USHUKELA	OOSHOOKE´LLA
SUICIDE	UKUZIBULALA	OOKOOZEEBOOLAALA
SUIT (N)	ISUDI	EESOODEE
SUITCASE	ISUTHIKESI / IPOTIMENDE	EESOOTEEKE´SI / EEPO´TEEME´NDE´
SULK	KHUNSA	KOONSA
SUMMER	IHLOBO	EEHLO´BO´
SUMMON	BIZA	BEEZA
SUN	ILANGA	EELAANGA
SUNDAY	ISONTO	EESO´NTO´
SUNGLASSES	IZIBUKO ZELANGA	EEZEEBOOKO´ ZE´LAANGA
SUPPER	ISAPHA	EESAAPAA
SUPPLY (V)	NIKA	NEEKA
SUPPORT (V)	SEKELA	SE´KE´LA
SUPPOSE	CABANGA	CAABAANGA
SURE	QINISEKILE	QEENEESE´KEELE´
SURGERY	UKUHLINZWA	OOKOOHLEENZWA
SURNAME	ISIBONGO	EESEEBO´NGO´
SURPRISE (N)	ISIMANGALISO	EESEEMAANGAALEESO´
SURPRISE (V)	MANGALISA	MAANGAALEESA
SURRENDER (V)	THELA	TE´LLA
SURROUND	ZUNGEZA	ZOONGE´ZA
SUSPECT (V)	SOLA	SO´LA
SWALLOW (V)	GWINYA	GWEENYA

SWARM (N)	IBOLOLWANE	EEBO´LO´LWAANE´
SWEAR (V)	THUKA / FUNGA	TOOKA / FOONGA
SWEAT (V)	JULUKA	JOOLOOKA
SWEEP	SHANELA	SHAANE´LLA
SWEET (A)	MTOTI	MTO´TEE
SWEET	ISWIDI	EESWEEDEE
SWEET POTATO	UBHATATA	OOBAATAATA
SWELL (V)	VUVUKA	VOOVOOKA
SWIM	BHUKUDA	BOOKOODA
SWIMMING POOL	ICHIBI LOKUHLAMBA / ICHIBI LOKUBHUKUDA	EECHEEBEE LO´KOOHLAAMBA / EECHEEBEE LO´KOOBOOKOODA
SWITCH	ISWISHI	EESWEESHEE
SWITCH (V)	SHINTSHA	SHEENTSHA
SYMPATHETIC	ZWELAYO	ZWE´LAAYO´
SYMPATHY	UZWELO	OOZWE´LO´
SYMPTOM	ISIBONAKALISO	EESEEBO´NAAKAALEESO´
SYPHILIS	UGCUNSULA	OOGCOONSOOLA
SYRINGE	ISIRINJI	EESEEREENJEE
SYSTEM	IHLELO	EEHLE´LO´

T

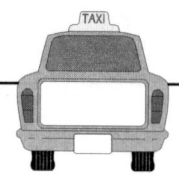

TABLE	ITAFULA	EETAAFOOLA
TABLECLOTH	INDWANGU YETAFULA	EENDWAANGOO YE´TAAFOOLA
TABLESPOON	ISIPUNU SOKUPHAKA	EESEEPOONOO SO´KOOPAAKA
TABLET	IPHILISI	EEPEELEESEE
TACKLE	QALA	QAALA
TAIL	UMSILA	OOMSEELA
TAILOR	UMTHUNGI	OOMTOONGEE
TAKE	THATHA	TAATA
TAKE CARE	QAPHELA	QAAPE´LA
TALK (V)	KHULUMA	KOOLOOMA
TALL	-DE / MU+DE	-DE´ / MOODE´
TAME (A)	THAMBILE	TAAMBEELE´
TAME (V)	THAMBISA	TAAMBEESA
TANK	ITHANGI	EETAANGEE
TAP	UMPOMPI	OOMPO´MPEE
TAPE MEASURE	ITHEPHU	EETE´POO
TAPEWORM	INGCILI	EENGCEELEE
TAR	ITIYELA	EETEEYE´LLA
TART	IKHEKHE	EEKE´KE´ (CAKE)
TART - SAVOURY	IKHEKHE LEPHESTERI	EEKE´KE´ LE´PE´STE´RI
TASK	UMSEBENZI	OOMSE´BE´NZEE
TASTE (V)	-ZWA / I+ZWA	-ZWA / EEZWA
TASTELESS	-DUMA	-DOOMA
TAX	INTELA	EENTE´LLA
TAXI	ITHEKISI	EETE´KEESEE
TEA	ITIYE	EETEAYE´ (EETEEYA)
TEACHER	UTHISHA	OOTEESHA
TEAM	ITHIMU	EETEEMOO
TEAPOT	ITHIPHOTHI	EETEEPO´TTY (PO´TI)
TEAR (V)	DABULA	DAABOOLA
TEARS (CRY)	IZINYEMBEZI	EEZEENYE´MBE´ZZEE
TEASE	GCONA / SUKELA / CHUKULUZA	GCO´NA / SOOKE´LA / COOKOOLOOZA
TEASPOON	THISIPHUNI	TEASPOONI / TEESEEPOONEE
TEAT (NIPPLE)	IBELE	EEBE´LE´
TEETH	AMAZINYO	AAMAAZEENYO´
TELEPHONE	ITHELEFONI	EETE´LE´FO´NEE
TELEVISION	ITHELEVISHINI	EETE´LE´VEESHEENI
TELL	TSHELA	TSHE´LA
TEMPER	ULAKA	OOLAAKA
TEMPERATURE	UKUSHISA	OOKOOSHEESA
TENANT	UMQASHI	OOMQAASHEE
TENDER	THAMBILE	TAAMBEELE´
TENT	ITENDE	EETE´NDE´
TEPID	FUDUMELE	FOODOOME´LE´
TERRIBLE	ESABEKAYO	E´SAABE´KAAYO´

TERRIFY	ETHUSA	E′TOOSA
TERROR	UKWESABISA	OOKWE′SAABEESA
TEST (N)	ISIVIVINYO /	EESEEVEEVEENYO′ /
	UKUHLOLWA	OOKOOHLO′LWA
TEST (V)	HLOLA	HLO′LA
THANK	BONGA	BO′NGA
THANKS (N)	UKUBONGA	OOKOOBO′NGA
THAT	LOKHO / LOKHUYA	LO′KO′ / LO′KOOYA
THAT - SO THAT	UKUZE	OOKOOZE′
THATCH (V)	FULELA	FOOLE′LA
THEATRE-OPERATING	THIYETHA	TEEYE′TAA
THEIR	...BO / LABO / ABO	...BO′ / LAABO′ / AABO′
THEIRS	OKWABO	O′KWAABO′
THEM	BONA	BO′NA
THEN (TIME)	NGESIKHATHI	NGE′SEEKAATI
THERE	LAPHO	LAAPO′
THEY	BONA	BO′NA
THICK	NOHLONZE	NO′HLO′NZE′
THICK (AS IN GRAVY)	SHUBILE	SHOOBEELE′
THICK & SMOOTH	SHELELEZI	SHE′LE′LE′ZEE
THICKEN	ENZA KUBELUHLONZI	E′NZA KOOBE′LOOHLO′NZEE
THIEF	ISELA	EESE′LLA
THIN (FIGURE)	ZACILE	ZAACEELE′
THIN (WATERY)	UBE MANZI	OOBE′ MAANZI
THING	INTO	EENTO′
THINK	CABANGA	CAABAANGA
THIRST	UKOMA	OOKO′MA
THIRSTY	OMILE	O′MEELE′
THIS	LOKHU	LO′KOO
THORN	IVA	EEVA
THOSE	LEZO / LABO / ABO	LE′ZO′ / LAABO′ / AABO′
THOUGH	NOKHO	NO′KO′
THREAD	UCINGO	OOCEENGO′
THREAT	USONGO	OOSO′NGO′
THROAT	UMPHIMBO	OOMPEEMBO′
THROTTLE	KHAMA	KAAMA
THROW	PHONSA	PO′NSA
THUMB	ISITHUPHA	EESEETOOPA
THUNDER	UKUDUMA	OOKOODOOMA
THURSDAY	ULWESINE	OOLWE′SEENE′
TICK (ON A DOG)	UMKHAZA	OOMKAAZA
TICKET	ITHIKITHI	EETEEKEETEE
TIDY (N)	OKULUNGISIWE	O′KOOLOONGEESEEWE′
TIDY (V)	LUNGISA / HLANZA	LOONGEESA / HLAANZA
TIE (N)	UTHAYI	OOTAAYEE
TIE (V)	BOPHA	BO′PA
TIGHT	QINILE	QEENEELE′
TIGHTEN	QINISA	QEENEESA
TIME	ISIKHATHI	EESEEKAATI

English	Zulu	Pronunciation
TIN	ITHINI	EETEENEE
TINNED FOOD	UKUDLA KWASETHININI	OOKOODLA KWAASE'TEENEENI
TIN OPENER	ISIVULITHINI	EESEEVOOLEETEENEE
TIRE (V)	KHATHALA	KAATAALA
TIRED	KHATHELE	KAATE'LE'
TISSUE	ISICUBU	EESEECOOBOO
TITLE	IBIZO	EEBEEZO'
TO	KU.. / UKU.. / E.. / KWA..	KOO.. / OOKOO.. / E'.. / KWAA.
TO COME OUT-OVEN	KUPHUMA	KOOPOOMA
TOAD	ISELE	EESE'LE'
TOAST (N)	ITHOSI	EETO'SEE
TOASTER	ITHOSTA	EETO'STA
TOBACCO	UGWAYI	OOGWAAYEE
TODAY	NAMUHLA / NAMHLANJE	NAAMOOHLA / NAAMHLAANJE'
TODDLER	INGANE ENCANE	EENGAANE' E'NCAANE'
TOE	UZWANI	OOZWAANI
TOGETHER	HLANGENE / NDAWONYE	HLAANGE'NE' / NDAAWO'NYE'
TOILET	ITHOYILETHE	EETO'YEELE'TE'
TOILET PAPER	IPHEPHA LASETHOYILETHE	EEPAPER / EEPE'PA LAASE'TO'YEELE'TE'
TOMATO	UTAMATISI	OOTAAMAATEESEE
TOMORROW	KUSASA	KOOSAASA
TONGUE	ULIMI	OOLEEMEE
TOO	FUTHI	FOOTEE
TOO MUCH	NINGI	NEENGEE
TOOTH	IZINYO	EEZEENYO'
TOOTHACHE	UBUHLUNGU BEZINYO	OOBOOHLOONGOO BE'ZEENYO'
TOOTHPASTE	UMUTHI WAMAZINYO	OOMOOTI WAAMAAZEENYO'
TORCH	ITHOSHI	EETO'SHEE
TOTAL (N)	ISAMBA	EESAAMBA
TOUCH (V)	THINTA	TEENTA
TOUGH	LUKHUNI	LOOKOONI
TOUR (V)	HAMBA	HAAMBA
TOURIST	ISIHAMBI	EESEEHAAMBEE
TOW (V)	DONSA	DO'NSA
TOWEL	ITHAWULA	EETAAWOOLA
TOWN	IDOLOBHA	EEDO'LLO'BA
TOY	ITHOYIZI	EETO'YEEZI
TRACK (V)	LANDELA UMKHONDO	LAANDE'LLA OOMKO'NDO'
TRACKSUIT	ITREKISUDI	EETRE'KEESOODEE
TRACTOR	UGANDAGANDA	OOGAANDAAGAANDA
TRADE (V)	HWEBA	HWE'BA
TRADE UNION	INYUNYANA YEZISEBENZI	EENYOONYAANA YE'ZEESE'BE'NZEE
TRAFFIC	ITREFIKI	EETRE'FEEKEE
TRAIN	ISITIMELA	EESEETEEME'LLA
TRAIN (V)	FUNDISA / QEQESHA	FOONDEESA / QE'QE'SHAA
TRAINER (N)	UMQEQESHI	OOMQE'QE'SHI
TRANSLATE	HUMUSHA	HOOMOOSHA
TRAVEL	HAMBA	HAAMBA

TRAY	ITHREYI	EETRAYEE / EETRE´YI
TREAD (V)	NYATHELA	NYAATE´LLA
TREASURE	IGUGU	EEGOOGOO
TREAT (V)	ELAPHA	E´LAAPA
TREE	UMUTHI	OOMOOTI
TRESPASS	EQA UMTHETHO	E´QA OOMTE´TO´
TRIP	UHAMBO	OOHAAMBO´
TROUBLE	INKATHAZO	EENKAATAAZO´
TROUBLE (V)	KHATHAZA	KAATAAZA
TROUSERS	IBHULUKWE	EEBOOLOOKWE´
TRUCK	ILOLI / ITHROGO	EELO´LI / EETRO´GO´
TRUE	QINISILE	QEENEESEELE´
TRUSTWORTHY	THEMBEKILE	TE´MBE´KEELE´
TRUTH	IQINISO	EEQEENEESO´
TRY	ZAMA	ZAAMA
TUESDAY	ULWESIBILI	OOLWE´SEEBEELEE
TURKEY	IKALIKUNI	EEKAALEEKOONEE
TURN (N)	ITHUBA	EETOOBA
TURN (V)	JIKA	JEEKA
TURNIP	UTHENIPHU	OOTE´NEEPOO
TYPE (A)	HLOBO	HLO´BO´
TYRE	ITHAYA	EETAAYA

U

UDDER	UMBELE	OOMBE´LE´
UGLY	-BI / MUBI	- BEE / MOOBEE
UMBRELLA	ISAMBULELA	EESAAMBOOLE´LA
UN -	NGA -	NGAA -
UNAWARE	NGANAKI	NGAANAAKEE
UNCERTAIN	NGABAZA	NGAABAAZA
UNCLEAN	NGCOLILE	NGCO´LEELE´
UNCLE	UMALUME	OOMAALOOME´
UNCOMFORTABLE	NGANETHEZEKILE	NGAANE´TE´ZE´KEELE´
UNCONSCIOUS	QULEKILE	QOOLE´KEELE´
UNCOOKED	LUHLAZA	LOOHLAAZA
UNDAMAGED	NGALIMALANGA	NGAALEEMAALAANGA
UNDER	PHANSI	PAANSEE
UNDERSTAND	QONDA / ZWA	QO´NDA / ZWAA
UNDO	QAQA	QAAQAA
UNDRESS	KHUMULA	KOOMOOLA
UNEASY	NOVALO	NO´VAALO´
UNEDUCATED	NGAFUNDILE	NGAAFOONDEELE´
UNEMPLOYED	NGENAMSEBENZI / NGASEBENZI	NGE´NAAMSE´BE´NZEE / NGAASE´BE´NZI
UNEVEN	NAMAGQUMA	NAAMAAGQOOMA
UNEXPECTED	ZUMAYO / NGALINDELEKILE	ZOOMAAYO´ / NGAALEENDE´LE´KEELE´
UNFIT	NGALUNGELE	NGAALOONGE´LE´
UNFORTUNATELY	NGELISHWA / NGEBHADI	NGE´LEESHWA / NGE´BAADI
UNFURNISHED	NGENAYO IFENISHA	NGE´NAAYO´ EEFE´NEESHA
UNGRATEFUL	NGABONGI	NGAABO´NGEE
UNHAPPY	HLUPHEKILE / KHATHAZEKILE	HLOOPE´KEELE´ / KAATAAZE´KEELE´
UNHEALTHY	NGAPHILILE	NGAAPEELEELE´
UNIFORM	INYUFOMU	EENYOOFO´MOO
UNION	INYUNYANA	EENYOONYAANA
UNIVERSITY	IYUNIVESITHI	EEYOONEEVE´SEETEE
UNKIND	NGENAMUSA	NGE´NAAMOOSA
UNLOAD	ETHULA	E´TOOLA
UNLUCKY	NEBHADI	NE´BAADEE
UNMARRIED	NGAGANILE / NGASHADILE	NGAAGAANEELE´ / NGAASHAADEELE´
UNSAFE	NENGOZI	NE´NGO´ZEE
UNTIDY	MAHLIKIHLIKI / NGCOLILE	MAAHLEEKEEHLEEKEE / NGCO´LEELE´
UNTIL	KUZE	KOOZE´
UNWILLING	NGATHANDI	NGAATAANDEE
UP	PHEZULU	PE´ZOOLOO

UPSET (A)	PHATHEKA KABI / THUNUKALA / THUNUKELE	PAATE´KAA KAABI / TOONOOKAALA / TOONOOKE´LE´
UPSET (V)	PHATHA KABI / THUNUKALISA	PAATA KAABI / TOONOOKAALEESA
URGE	UKUPHOKOPHELA	OOKOOPO´KO´PE´LLA
URGE (V)	GQUGQUZELA / QHUBA	GQOOGQOOZE´LA / QOOBA
URINATE (V)	CHAMA	CAAMA
URINE (N)	UMCHAMO	OOMCAAMO´
US	THINA	TEENA
USE (N)	UMSEBENZI	OOMSE´BE´NZEE
USE (V)	SEBENZISA	SE´BE´NZEESA
USEFUL	NOMSEBENZI	NO´MSE´BE´NZEE
USELESS	NGASIZI	NGAASEEZEE

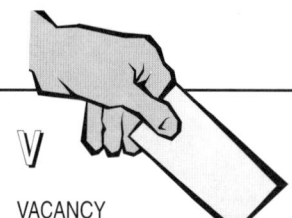

English	Zulu	Pronunciation
VACANCY	ISIKHALA	EESEEKAALA
VACANT	NGENALUTHO	NGE´NAALOOTO´
VACATE	THUTHA	TOOTA
VACCINATE	GCABA	GCAABA
VALUABLE	NENANI ELIPHAKEME	NE´NAANI E´LEEPAAKE´ME´
VANILLA ESS.	IVANILA	EEVAANEELA
VASE	IVAZI	EEVAAZEE
VEGETABLES (GREENS)	AMAVEGI / UHLAZA	AAMAAVE´GI / OOHLAAZA
VEIN	UMTHAMBO	OOMTAAMBO´
VELD (BUSH)	INDLE	EENDLE´
VERY	KAKHULU	KAAKOOLOO
VEST	IVESTI	EEVE´STEE
VICTIM	UMHLATSHELO	OOMHLAATSHE´LO´
VIDEO RECORDER	IVIDIYO	EEVEEDEEYO´
VILLAGE	IDOLOBHANA	EEDO´LO´BAANA
VINEGAR	UVINIKA	OOVEENEEKA
VIOLENCE	UDLAME / ISIDLAKADLA	OODLAAME´ / EESEEDLAAKAADLAA
VISIBLE	BONAKALA	BO´NAAKAALA
VISIT (N)	UKUVAKASHELA / UKUVAKASHA	OOKOOVAAKAASHE´LA / OOKOOVAAKAASHAA
VISIT (V)	VAKASHELA	VAAKAASHE´LA
VISITOR	ISIVAKASHI	EESEEVAAKAASHEE
VOCABULARY	AMAGAMA	AAMAAGAAMA
VOICE	IZWI	EEZWEE
VOLUNTEER (V)	VOLONTIYA	VO´LO´NTEEYA
VOMIT	HLANZA	HLAANZA
VOTE (V)	VOTA	VO´TA

W

WAGON	INQOLA	EENQO´LA
WAIL	KHALA	KAALA
WAIST	UKHALO	OOKAALO´
WAIT	LINDA	LEENDA
WAITER	UWETA	OOWAITA / OOWE´TAA
WAKE (V)	PHAPHAMA / VUKA	PAAPAAMA / VOOKA
WALK	UKUHAMBA	OOKOOHAAMBA
WALK (V)	HAMBA	HAAMBA
WALL	UDONGA	OODO´NGA
WALLET	IWALETHI	EEWAALE´TEE
WANDER	ZULA	ZOOLA
WARD (HOSPITAL)	IGUMBI	EEGOOMBEE
WARD - LABOUR	IGUMBI LOKUBELETHELA	EEGOOMBEE LO´KOOBE´LE´TE´LLA
WARM	FUDUMELE	FOODOOME´LE´
WARM (V)	FUDUMEZA	FOODOOME´ZA
WARN	QAPHISA / XWAYISA	QAAPEESA / XWAAYEESA
WARNING	ISIQAPHELISO / ISEXWAYISO	EESEEQAAPE´LEESO´ / EESE´XWAAYEESO´
WASH	GEZA	GE´ZA
WASTE (N)	IZIBI	EEZEEBEE
WASTE (V)	LAHLA	LAAHLAA
WATCH (N)	IWASHI	EEWAASHEE
WATCH (V)	BHEKA / BUKA	BE´KA / BOOKA
WATER	AMANZI	AAMAANZEE
WATER (V)	MANZISA / CHELELA	MAANZEESA / CHE´LE´LA
WATERMELLON	IKHABE	EEKAABE´
WATERFALL	IMPHOPHOMA	EEMPO´PO´MA
WAVE (SEA)	IGAGASI	EEGAAGAASEE
WAY	INDLELA	EENDLE´LA
WE	THINA	TEENA
WEAK (FRAGILE)	NGENAMANDLA	NGE´NAAMAANDLAA
WEALTH	UMNOTHO	OOMNO´TO´
WEAR	GQOKA	GQO´KA
WEARINESS	UKUKHATHALA	OOKOOKAATAALA
WEARY	KHATHELE	KAATE´LE´
WEATHER	IZULU	EEZOOLOO
WED (V)	SHADA	SHAADA
WEDDING	UMSHADO	OOMSHAADO´
WEDNESDAY	ULWESITHATHU	OOLWE´SEETAATOO
WEED	UKHULA	OOKOOLA
WEED (V)	HLAKULA	HLAAKOOLA
WEEK	IVIKI / ISONTO	EEVEEKEE / EESO´NTO´
WEEKEND	IMPELASONTO	EEMPE´LAASO´NTO´
WEEKLY	NGEVIKI / NGESONTO	NGE´VEEKEE / NGE´SO´NTO´
WEEP	KHALA	KAALA

English	Zulu	Pronunciation
WEIGH	KALA	KAALA
WEIGHT	ISISINDO	EESEESEENDO´
WELCOME (V)	EMUKELA	E´MOOKE´LA
WELFARE	INHLALAKAHLE	EENHLAALAAKAAHLE´
WELL (HEALTH)	KAHLE	KAAHLE´
WELL (N) - HOLE / WATER WELL	UMGODI ONOMTHOMBO	OOMGO´DEE O´NO´MTO´MBO´
WET	MANZI	MAANZEE
WHAT	YINI	YEENEE
WHEEL	ISONDO	EESO´NDO´
WHEELBARROW	IBHALA	EEBAALA
WHEN	NINI	NEENEE
WHERE	-PHI / KUPHI	-PEE / KOOPEE
WHETHER	NOMA	NOMMA / NO´MA
WHICH	-PHI / YIPHI	-PEE / YEEPEE
WHILE	NGENKATHI	NGE´NKAATEE
WHIP (N)	ISISWEBHU	EESEESWE´BOO
WHIP (V)	THWISHA / SHAYA	TWEESHA / SHAAYA
WHISPER	UKUHLEBA	OOKOOHLE´BA
WHISPER (V)	HLEBA	HLE´BA
WHISTLE (N)	IMPEMPE / IKHWELA	EEMPE´MPE´ / EEKWE´LA
WHISTLE (N) - GAME	INDWEBA / IMPEMPE	EENDWE´BA /EEMPE´MPE´
WHISTLE (V) - BLOW UP	SHAYA INDWEBA	SHAAYA EENDWE´BA
WHISTLE (V) -TUNE	SHAYA IKHWELA	SHAAYA EEKWE´LA
WHITE	MHLOPHE	MHLO´PE´
WHITE MEAT (CHICKEN)	UMKHWEPHA	OOMKWE´PA
WHO	UBANI	OOBAANI
WHOLE	ONKE	O´NKE´
WHOSE	KABANI. . .	KAABAANI. . .
WHY	NGANI / ELANI / KUNGANI	NGAANI / E´LAANI / KOONGAANI
WIFE	UNKOSIKAZI	OONKO´SEEKAAZEE
WILL (N) - WANT TO	INTANDO	EENTAANDO´
WILL (V)	-ZO	-ZO´
WIN	WINA / PHUMELELA	WEENA / POOME´LE´LA
WIND	UMOYA	OOMO´YA
WINDOW	IFASITELA	EEFAASEETE´LA
WINE	IWAYINI	EEWAAYEENEE
WINTER	UBUSIKA	OOBOOSEEKA
WIPE	SULA	SOOLA
WIRE (N)	UCINGO	OOCEENGO´
WISE	HLAKANIPHILE	HLAAKAANEEPEELE´
WISH	ISIFISO	EESEEFEESO´
WISH (V)	FISA	FEESA
WITH	NGA-	NGA-
WITHDRAW	KHIPHA	KEEPA
WITHIN	NGAPHAKATHI	NGAAPAAKAATEE
WITHOUT	NGAPHANDLE	NGAAPAANDLE´
WITNESS (N)	UFAKAZI	OOFAAKAAZEE

WOMAN	UNKOSIKAZI / UMUNTU WESIFAZANE	OONKO´SEEKAAZI / OOMOONTOO WE´SEEFAAZAANE´
WONDER (V) - AMAZE	MANGALA	MAANGAALA
WONDERFUL	MANGALISAYO	MAANGAALEESAAYO´
WOOD	UKHUNI	OOKOONI
WOODEN SPOON	UKHEZO (SOKHUNI)	OOKE´ZO´ (SO´KOONI)
WOOL	UVOLO	OOVO´LO´
WORD	IGAMA	EEGAAMA
WORK (N)	UMSEBENZI	OOMSE´BE´NZEE
WORK (V)	SEBENZA	SE´BE´NZA
WORKER	ISISEBENZI / UMSEBENZI	EESEESE´BE´NZEE / OOMSE´BE´NZI
WORLD	UMHLABA	OOMHLAABA
WORM (MAGGOT)	IMPETHU	EEMPE´TOO
WORM (INTESTINAL)	ISIKELEMU / INGCILI	EESEEKE´LE´MOO / EENGCEELI
WORM (EARTH)	UMSUNDU	OOMSOONDOO
WORRY	KHATHAZEKA	KAATAAZE´KA
WOUND	INXEBA	EENXE´BA
WOUND (V)	LIMAZA	LEEMAAZA
WRAP	SONGA	SO´NGA
WRECK	UMBHABHALALA	OOMBAABAALAALA
WRIGGLE	SHOBASHOBA	SHO´BASHO´BA
WRING	KHAMA	KAAMA
WRINKLE (N)	UMFINGCIZO	OOMFEENGCEEZO´
WRINKLE (V)	FINGCIZA	FEENGCEEZA
WRITE	BHALA	BAALA
WRONG	NGALUNGILE	NGAALOONGEELE´

X Y Z

XRAY	I X-REYI	EE XRAYI / EE E´XREYI
YACHT	UMKHUMBI	OOMKOOMBEE
YARD (GARDEN)	IYADI	EEYAADEE
YAWN (V)	ZAMULA	ZAAMOOLA
YEAR	UNYAKA	OONYAAKA
YEAST	IMVUBELO	EEMVOOBE´LO´
YELLOW	PHUZI	POOZEE
YESTERDAY	IZOLO	EEZO´LO´
YOLK (EGG)	ISIKHUPHA SEQANDA	EESEEKOOPA SE´QAANDA
YOU (PEOPLE)	NINA	NEENA
YOU	WENA	WE´NA
YOUNG	NCANE	NCAANEE
YOUR (YOU)	-KHO / KWAKHO	-KO´ / KWAAKO´
YOUR (PL.)	-INU / KWENU	-EENOO / KWE´NOO
YOURS	OKWAKHO	O´KWAAKO´
YOURS (PL.)	OKWENU	O´KWE´NOO
YOURSELF - BY	NGOKWAKHO	NGO´KWAAKO´
YOUTH	UBUSHA	OOBOOSHA
ZEBRA	IDUBE	EEDOOBE´
ZERO	IQANDA	EEQAANDA
ZIP	UZIPHU	OOZEEPOO
ZOO	IZU	EEZOO
ZULU (PERSON)	UMZULU	OOMZOOLOO
ZULU (LANGUAGE)	ISIZULU	EESEEZOOLOO

NATIONAL ANTHEM

NKOSI SIKELEL' iAFRIKA
MALUPHAKANYISW' UPHONDO LWAYO,
YIZWA IMITHANDAZO YETHU,
NKOSI SIKELELA, THINA LUSAPHO LWAYO.

MORENA BOLOKA SETJHABA SA HESO,
O FEDISE DINTWA LA MATSHWENYEHO,
O SE BOLOKE, O SE BOLOKE SETJHABA SA HESO,
SETJHABA SA SOUTH AFRIKA, SOUTH AFRIKA.

UIT DIE BLOU VAN ONSE HEMEL,
UIT DIE DIEPTE VAN ONS SEE,
OOR ONS EWIGE GEBERGTES,
WAAR DIE KRANSE ANTWOORD GEE,

SOUNDS THE CALL TO COME TOGETHER,
AND UNITED WE SHALL STAND,
LET US LIVE AND STRIVE FOR FREEDOM,
IN SOUTH AFRICA OUR LAND.